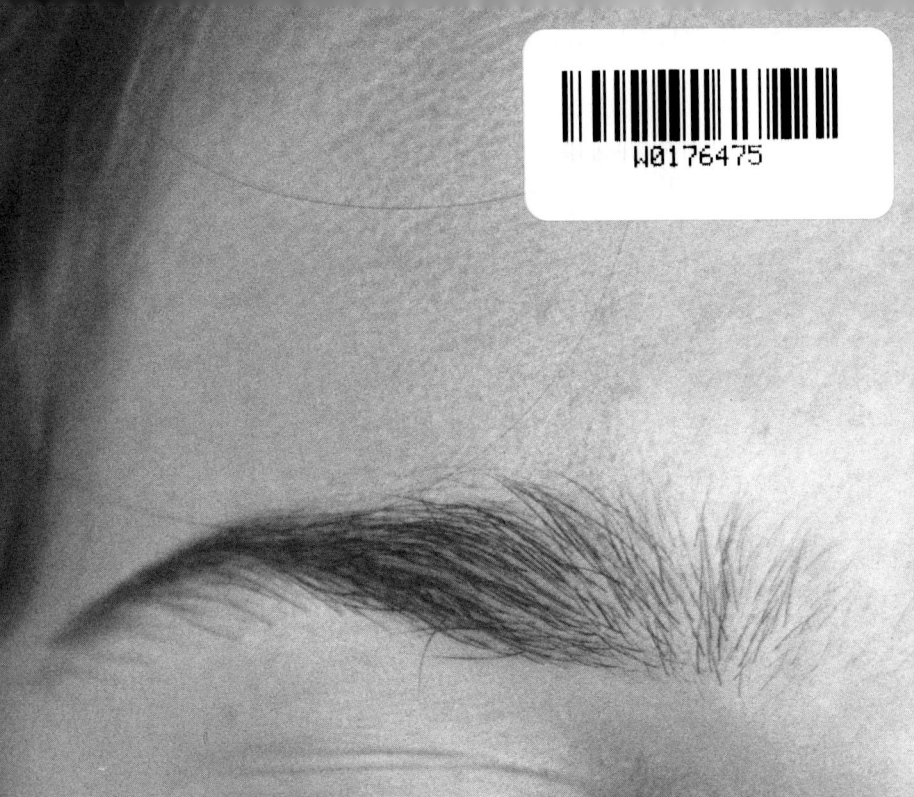

Marie-Thérèse Schins wurde 1943 in den Niederlanden geboren, als siebtes von zehn Kindern. Nach Ausbildungen als Kinderbibliothekarin, in Poesie, Bibliotherapie und Malerei lebt sie heute als freie Journalistin, Autorin, Dozentin für Jugendliteratur und Malerin in Hamburg. Sie ist Mitbegründerin des Instituts für Trauerarbeit in Hamburg und leitet seit Jahren Trauerseminare und Schreib- und Malwerkstätten für Jugendliche.

Marie-Thérèse Schins

UND
WENN
ICH
FALLE?
Vom Mut,
traurig zu sein

Fotos von Jan Roeder

**Deutscher
Taschenbuch
Verlag**

WER SAGT HIER, DASS ICH TRAURIG BIN? 16

WAS MACHT MICH EIGENTLICH TRAURIG? 24

LASST MICH BLOSS IN RUHE, WENN IHR SCHON KEINE AHNUNG HABT: ERSTE REAKTIONEN 54

DAS WAGNIS, IN DIE TIEFE ZU GEHEN 76

DIE LÄNGSTE REISE IST DIE REISE NACH INNEN: WEGE ZU MIR SELBST 106

Ich und die anderen: gute und schlechte Erlebnisse 124

Lichtblicke: Was kann mich trösten, was tut mir gut, was macht mich stark? 160

Die jugendlichen Mitarbeiter und Mitarbeiterinnen 180

Adressen und Buchempfehlungen 184

8

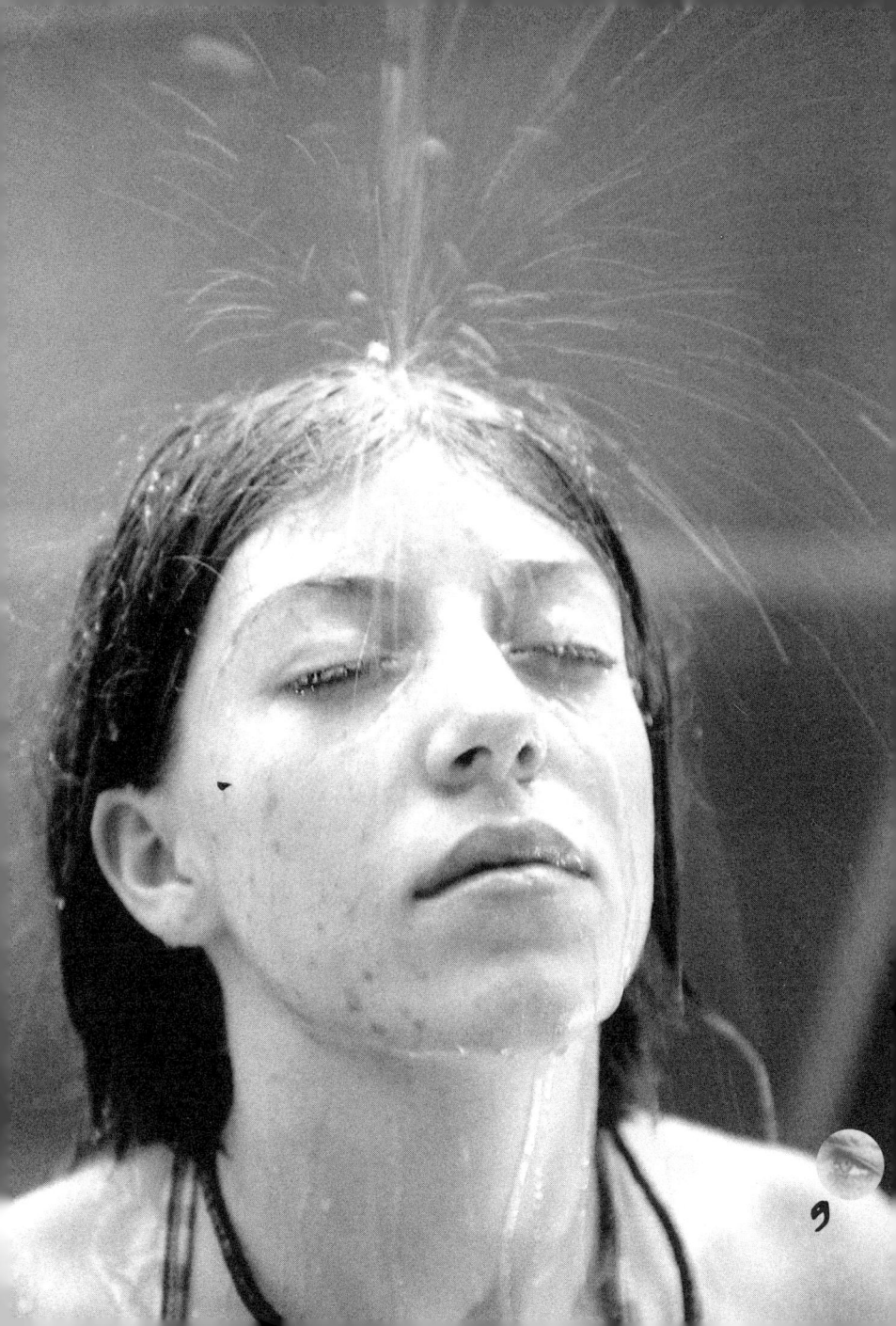

13

14

15

WER SAGT HIER, DASS ICH TRAURIG BIN?

Ich – ein Jammerlappen? Oder etwa eine Heulsuse? Bloß nicht. Schon gar kein Weichei. Und Trauerkloß genannt zu werden – ätzend. Ich bin überhaupt nicht traurig. Dass andere Fettsack zu mir sagen und ich so gerne dünn sein möchte – mir doch egal. Und wenn ich vor Liebeskummer fast eingehe? Behalte ich's für mich.

Traurig, weil die anderen in der Schule mich anmachen und die Lehrer nicht mitkriegen, wie mies ich mich fühle? Zeig ich nicht. Wer sagt, dass ich traurig bin über die echte Scheiße, die ich gebaut habe und wegen der ich jetzt sogar im Knast sitze?! Geht keinen was an, dass es mir dreckig geht, weil Drogen mich fest im Griff haben und ich eigentlich runterkommen möchte.

Der liebste Mensch in meinem Leben liegt auf dem Friedhof. Meine Trauer will nicht aufhören. Schluck ich runter.

Aussagen von Schülern, mit denen ich übers Traurigsein gesprochen habe.

Gibt es, wenn man traurig ist, wirklich keinen anderen Ausweg als zudecken, verdrängen oder dichtmachen? Ich bin

16

davon überzeugt, dass es bessere Lösungen gibt. Seit über zehn Jahren versuche ich in Mal- und Schreibwerkstätten Jugendlichen zu helfen ihre Trauer anzunehmen. Ich weiß, dazu gehört Mut in einer Gesellschaft, in der Coolness, Fun und Mega-Power angesagt sind. In zahllosen Gesprächen, in vielen Briefen, in so manchem gemalten Bild, in Gedichten und Tagebuchaufzeichnungen haben Jugendliche mir gezeigt, wie es ihnen trotzdem gelungen ist, die Gefühle zu zeigen, die sie tief drinnen bewegen.

Da ist zum Beispiel **Danny**. Danny ist 16 und obercool, der absolute Überflieger. Seine Klamotten sind immer der letzte Schrei, die Frisur top gestylt. Danny: *everybody's darling*. Er kennt sich aus. In allem. Ihm kann keiner. Das Leben ist super, wenn man sich in seinem Dunstkreis aufhält. Es gibt nur gute Zeiten, keine schlechten. Zusammen mit ihm wird nicht geheult und gejammert. Hauptsache Spaß, kein Stress, bitte. Negativ-Trödel? Grauenvoll! Schadet außerdem Dannys Image, das er sich so mühsam aufgebaut hat: Strahlemann und Pausenclown gleichzeitig sein, Knopfdruck genügt, Danny funktioniert sofort. Er wird bewundert und geliebt und alle beneiden ihn. Glaubt er.
Danny und ich kennen uns seit einigen Jahren. Er ist sehr traurig, ganz tief in seinem Herzen. Er hat eine Scheinwelt um sich aufgebaut, damit keiner seiner zahllosen Fans erfährt, wie es wirklich in ihm aussieht. Ihm fehlte lange der Mut, diese Glitzerfassade einzureißen. Denn Traurigsein heißt auch in tiefe schwarze Löcher fallen und andere um Hilfe bitten müssen. Oder das wahre Gesicht zeigen.
Danny hatte eine kleine Schwester, die tödlich verunglückte. Er hat sie sehr geliebt und kann sich noch nicht damit abfinden, dass sie nicht mehr da ist. Nach dem Unfall fing er an um sich zu schlagen und draufzuhauen. Mit Worten, mit Fäusten, mit Gegenständen, mit seinem ganzen Körper: aus Wut, Hass, Verzweiflung.

Wer sagt hier, dass ich traurig bin?

Irgendwann wurde aus Danny-Wüterich Danny-Sunnyboy. Handy am Ohr, Bierdose locker in der Hand, Zeug zum Rauchen oder Kiffen griffbereit. Danny mit dem Lächeln zum Dahinschmelzen. Aber nicht für alle. Denn Danny kann auch sehr verletzend sein und seine lässigen Bemerkungen gehen oft unter die Gürtellinie.

Doch in einem meiner Workshops schrieb er plötzlich folgende Zeilen: »Wieso muss ich das haben? Scheiße. Wieso musste meine Schwester sterben? Wieso muss ich diesen Schmerz haben? Wie kann ich ihn überstehen?«

Danny hat also angefangen seine Megafun-Fassade infrage zu stellen.

Die 15-jährige **Dorothee** verlor ihre ältere Schwester Barbara auch durch einen Verkehrsunfall. Danach versteinerte sie und wollte nicht mehr wahrgenommen werden. Von niemandem. Dorothee sorgte dafür, dass ihr Leben nach außen hin so weiterging, wie es früher einmal war. Ab und zu in der Schule fröhlich sein war für sie okay. Mehr aber nicht. Dann könnte ja jemand auf den Gedanken kommen, sie sei gar nicht traurig. Dumme oder unangenehme Fragen von anderen über den Tod ihrer Schwester ließ sie nicht zu. Bloß kein Mitleid. Es kam mir oft so vor, als hätte sie sich am liebsten ein

Schild umgehängt mit den Worten: »*Bitte nicht genauer hinsehen. Bitte nicht mein Inneres stören. Bin nicht vorhanden.*« Auf der Rückseite, nur für sie bestimmt, hätte der Wunsch stehen können: »*Ich brauche die Stille um mich herum. Vorläufig. Vielleicht ändert sich das. Aber jetzt noch nicht. Meine Trauer gehört nur mir. Lass mir noch Zeit.*«

Dorothee zitierte vor kurzem in einem Brief den folgenden Abschnitt aus dem Buch *Der kleine Prinz* von Antoine de Saint-Exupéry: »Es ist so geheimnisvoll, das Land der Tränen ... Ich wusste nicht, wie ich zu ihm gelangen konnte.« Nicht nur Dorothee, sondern viele Jugendliche, die ihre Trauer angenommen haben, lieben diese Geschichte vom Abschiednehmen, finden Trost in ihr.

Dorothee hat inzwischen ihr eigenes »Land der Tränen« gefunden. Sie ist mittendrin, egal, was andere davon halten.

20

Wer sagt hier, dass ich traurig bin?

Ihr Leben ist im Umbruch. Sie will sich nicht mehr – wie früher – ständig in ihr schützendes Schneckenhaus zurückziehen.

Katharina, 15 Jahre alt, fühlte sich »... elend, dreckig, klein, dumm, ausgenutzt, aussortiert«. Und das alles aus Liebeskummer. Sie erzählte mir davon. »Schreib auf, was dich bedrückt«, schlug ich ihr vor. Das tat sie.

Die heute 18-jährige **Marieke** lernte ich vor fünf Jahren kennen. Seitdem stehen wir in Briefkontakt. Im Laufe der Zeit gestand sie mir, dass sie sich nach dem Tod ihres Bruders vor Kummer am liebsten in Luft aufgelöst hätte und deshalb magersüchtig wurde.

Sarah, 19, ist an ihrer unglücklichen Liebe fast zerbrochen. Sie fiel in tiefe Depressionen. Indem sie Tagebuch und Gedichte schrieb, fand sie einen Weg aus ihrer Krise.

Nils, 18, sitzt im Knast. Er brauchte Geld für Drogen. Sein großes Unglück ist, acht Jahre seines Lebens in den Sand gesetzt zu haben. Ich bat ihn mal ehrlich mit sich zu sein, alles aufzuschreiben und Bilanz zu ziehen. Den Text schenkte er mir für dieses Buch.

Viele Jugendliche, mit denen ich über das Traurigsein sprach, haben mir wie Nils erlaubt ihre Erfahrungen zu veröffentlichen. Alle Texte, Briefe, Tagebuchnotizen, Gedankenskizzen und Aufzeichnungen von Gesprächen, die in diesem Buch zusammengestellt sind, sind authentisch.

Es gibt so viele, ganz unterschiedliche Gründe, warum man traurig sein kann. **Marieke, Dorothee, Katharina, Nelly, Betty, Sarah, Hannes, Anna, Tobias, Inga, Jochen** und noch viele mehr brauchten lange, bis sie den Mut hatten, über ihre traurigen Gefühle zu schreiben und zu sprechen. Es fiel ihnen nicht leicht. Inzwischen gehört Traurigsein für sie genauso zum Leben wie Glück und Fröhlichsein.

Marie-Thérèse Schins

Was macht mich eigentlich traurig?

23

WAS MACHT MICH EIGENTLICH TRAURIG?

Gute Frage, das kann eine Menge sein. Da braucht mich nur einer blöd anzureden: Schon bin ich traurig. Manchmal bin ich einfach nur mies drauf oder nehme mir meinen Blues, der fällig war. Oder mein Pferd ist krank und ich habe total Schiss, dass es nicht mehr gesund wird und eingeschläfert werden muss. Ich könnte verzweifeln. Aber was bedeutet anderen schon mein Pferd? Sehnsucht kann mich krank machen oder auch Liebeskummer. Abschied nehmen macht mich traurig. Auch meine Angst, zu versagen oder dick zu werden. Ich habe manchmal Angst, dass sich meine Eltern trennen oder sie sogar sterben können. Es gibt so viele Gründe, traurig zu sein! Wenn ich gefragt werde, warum ich traurig bin, möchte ich nicht immer antworten. Außerdem weiß ich oft selber nicht, warum das so ist mit mir und meinen traurigen Gefühlen. Manchmal kommt mir das Leben eben sinnlos vor, einfach so. Ich möchte das lieber für mich behalten und möglichst keinem zeigen. Ich könnte es auch schlecht erklären. Muss man denn eigentlich immer alles erklären?

Traurigsein – was ganz Alltägliches

Nelly, 18 Jahre, hat in ihrem Gedankenbuch notiert:
»Eigentlich bin ich mit meinem Leben in letzter Zeit ganz zufrieden. Doch gibt es da auch einiges, was mich etwas traurig macht, so habe ich zum Beispiel das Gefühl, dass meine Kindheit viel zu schnell vorbeigeht und dass ich dann plötzlich fertig mit der Schule bin, ausziehe und irgendwie einen neuen Lebensabschnitt beginne. Ich glaube, davor habe ich Angst!!! Ich hasse Abschied in jeder Form, und weil es hier auch um eine Form des Abschieds geht, von einem Lebensabschnitt nämlich, macht mich der Gedanke an meine Zukunft traurig. Ich glaube gar nicht mal, dass das angebracht ist, denn schließlich ist das, was dann kommt, doch mit Sicherheit auch schön!«

Elisabeth, 15 Jahre, hat Probleme mit ihrem Gewicht und ist oft sehr bedrückt darüber:
»Ja, es stimmt, ich bin eine richtige Tonne. Wenn ich gehe, ratschen meine Oberschenkel aneinander. Ich glaube, alle, die in meiner Nähe sind, hören es. Klamottenläden hasse ich wie die Pest, denn mir passt sowieso kaum etwas. Meine Mutter, die auch nicht grade eine Elfe ist, und ich, wir haben mindestens einundzwanzigmal eine Diät gemacht. Also fast alle Abmagerungskuren dieser Welt. Hat nichts gebracht. Ich gehe zum Schwimmen, zum Reiten, zum Turnen und werde immer dicker. Komisch, nicht?
Neulich war so eine blöde, eingebildete Tussi bei uns zu Besuch. Meine Tante hatte sie reingeschleust. Ich hab gehört, wie sie eine Bemerkung über meine Fettschichten gemacht hat. Dabei ist die dumme Kuh auch nicht grade eine Fadennudel. Das glaubt sie nur selber. Und 'ne Menge Falten hat sie auch noch, die zerknitterte Alte. Trotzdem hat ihre Be-

merkung mich fertig gemacht. Bis zu meiner Konfirmation sind's noch sechs Monate. Also die zweiundzwanzigste Diät. Letzter Versuch. Wenn der auch nicht hinhaut, dumm gelaufen. Dann können mich alle mal gerne haben!«

Tessa, 17 Jahre, hat Schwierigkeiten mit etwas, worum viele sie beneiden würden, zumindest insgeheim:
»Mein Pech ist, dass ich ziemlich gut bin in der Schule. Im Klartext: Ich bin Klassenbeste. Ich hab's nicht leicht damit. Manchmal baue ich absichtlich Fehler in meine Klausuren ein. Meine Lehrer und der Rest der Klasse sind leider schon

Was macht mich eigentlich traurig?

dahinter gekommen. Dann gibt's von zwei Seiten dämliche Kommentare. Sie nennen mich nicht mehr Tessa, sondern nur noch Frau Professor. Das kränkt mich.«

Mike, 14 Jahre alt, erzählt:

»Was mich traurig macht, ist, dass mein Vater schon so lange keine Arbeit hat. In meiner Klasse sind auch noch andere mit einem arbeitslosen Vater oder mit 'ner Mutter, die Sozialhilfe kriegt. Bei mir zu Hause ist dauernd dicke Luft. Ich finde das so ätzend, dass ich mich inzwischen darauf freue, wenn ich die Schule endlich fertig habe und abhauen kann. Ich suche mir ganz woanders eine Lehrstelle. Irgendwie werde ich mich schon durchschlagen.«

Jessica, 15, macht sich Sorgen über ihr Aussehen:

»Was mich traurig macht? 'ne Menge. Ich bin das dritte von sechs Kindern. Mein älterer Bruder macht mich dauernd an, weil ich klein und pummelig bin und immer noch keinen richtigen Busen habe. ›Du hast bloß zwei Erbsen‹, trötet er ständig rum. Außerdem muss ich auch noch eine Brille tragen mit Gläsern, die aussehen wie Scheinwerfer. Kontaktlinsen bekomme ich erst zu meinem 18. Geburtstag, dauert also noch fast hundert Jahre. Die Jungen fahren nicht unbedingt auf mich ab und auf Partys werde ich kaum eingeladen. Wenn mein Bruder und ich uns zufällig mal auf so einer dämlichen Fete treffen, tut er so, als würde er mich gar nicht kennen. Er schämt sich meinetwegen. Irgendwann haue ich ihn auch mal in die Pfanne.

Meine Mutter hat so viel um die Ohren, dass sie kaum Zeit hat, sich mit mir über meine Probleme zu unterhalten. Bei ihr muss ich mich so ungefähr schriftlich anmelden. Mit meinem Vater möchte ich nicht darüber reden. Der arbeitet sowieso nur wie ein Blöder. Und wenn meine Mutter endlich Zeit für mich hat, dann habe ich meistens keinen Bock mehr.

Dann sieht sie mich prüfend mit ihrem speziellen Radarblick an und meint: ›Warte nur ab, deine Zeit kommt noch. Dann bist du die Schönste von allen.‹ Das glaubt aber nur sie. Ich will jetzt die Schönste sein und nicht erst, wenn ich eine Oma bin.«

Die Eltern von **Paul**, 14, haben sich getrennt und das ist ziemlich schwer für ihn:
»Wenn ich das Wort Scheidung höre, dann kriege ich immer diesen blöden Kloß im Hals. Ich weiß, ich bin nicht der Einzige auf der Welt, dessen Eltern geschieden sind. Aber was hilft mir das? Gut, Mama und Papa haben sich dauernd in die Wolle gekriegt. Dann habe ich abends im Bett geheult. Zu meiner Schwester und mir haben sie immer gesagt: ›Vertragt euch!‹ Und was machen sie selbst? Lassen sich scheiden.
Ja, dann sollten wir auch noch sagen, zu wem wir wollten. Als ob man seine Eltern in zwei Teile schneiden kann. Meine Schwester will bei Papa leben. In meinem Kopf ist so ein Durcheinander, dass ich gar nicht weiß, ob ich lieber bei Mama oder bei Papa bleiben möchte.
Außerdem – jetzt, wo meine Schwester sich für Papa entschieden hat, kann ich Mama doch nicht alleine lassen. Okay, Mama hat auch Schuld, weil sie ewig an Papa rumgenörgelt hat.
Und jetzt fängt sie bei jeder Gelegenheit an zu flennen und jammert, dass sie nicht alleine leben kann. Als ob es mich gar nicht gibt. Als ich neulich gesagt habe, Papa ist ein mieses Schwein, da hat sie mich angefaucht, ich hätte kein Recht, über Papa zu urteilen.
In der Schule hat uns unsere Deutschlehrerin eine Kurzgeschichte über Scheidungskinder vorgelesen. Da hab ich so einen lauten Schluckauf gekriegt, dass einige in meiner Klasse gelacht haben. Die Arschlöcher wissen gar nicht, wie traurig ich bin.«

Was macht mich eigentlich traurig?

Ich möchte nicht, dass mein Sohn über seine Trauer redet

Ich kenne zwei Mütter, die Söhne im Alter von etwa 15 Jahren haben. Diese Frauen wohnen in meiner Nachbarschaft und ich erzählte ihnen von diesem Buch.

»Mensch«, sagte die eine, »das finde ich ja irre, dass du ein Buch übers Traurigsein machst. Unser Moritz hockt manchmal tagelang in seinem Zimmer, hat alle Vorhänge zugezogen und lässt niemanden an sich heran. Er will seine Depri-Tage haben, voll traurig sein und sonst gar nichts, meint er. Ich fand in seinem Zimmer Papierbögen, die von oben bis unten voll gekritzelt waren mit kleinen schwarzen Kreuzen. Er möchte nicht mit mir darüber reden, obwohl er weiß, dass er das könnte.«

»Ich kenne doch den Moritz«, sagte ich. »Meinst du, dass ich ihm vom Buch erzählen kann, ihm Texte von anderen Jugendlichen vorlese? Vielleicht äußert er sich dazu oder erzählt von sich?«

29

Da wurde sie total hektisch und nervös. »Um Gottes willen, dann macht er bloß noch mehr zu. Aber vielleicht kann ich dir eine Kopie von seinen Depri-Kreuzen machen.«
Ich habe wochenlang auf die Depri-Kreuze gewartet. Sie waren bis heute nicht in meinem Briefkasten. Lag es an der Mutter oder an Moritz?

Ich bekam die Telefonnummer von Benno, einem Jungen, der auch hier in der Nähe lebt. Ich erzählte von diesem Buch und erwähnte in einem Nebensatz, dass ich gehört hätte, wie gut Benno formulieren könne, seine eigene Meinung zu den Dingen hätte und sich auch nicht scheuen würde, diese Meinung zu vertreten.
»Stimmt«, sagte er und versprach fest mich am nächsten Tag um drei Uhr zu besuchen. Ich wollte ihm alles zeigen, was ich bis dahin zusammengestellt hatte. Er war begeistert.
Am nächsten Tag wurde es halb vier, es wurde vier Uhr. Kein Benno erschien. Irgendwann klingelte das Telefon. Ich hörte Geräusche, aber niemand sagte was. Ich legte auf.
Gegen acht Uhr abends rief ich bei Benno zu Hause an. Seine Mutter war am Telefon.
»Er hat doch bei dir angerufen«, sagte sie. »Er hat mir erzählt, dass er dir aufs Band gesprochen hat. Wir waren im Museum in der Stadt, ich habe ihn mitgenommen.«
»Aber wir waren fest verabredet«, sagte ich. »Er hatte so große Lust, an dem Buch mitzuarbeiten!«
Dann fing Bennos Mutter an zu reden, ohne Punkt und Komma. Sie fände es nicht gut, dass Benno mir von seinen Ängsten erzählen würde. »Das wühlt ihn zu sehr auf. Er hat im Moment Panik, dass seine Eltern sterben könnten. Ich möchte nicht, dass er darüber spricht. Wer weiß, was dann noch alles passiert!«
Wer hatte hier eigentlich Angst, die Mutter oder Benno?

Sarah, 19, schildert das Gefühl, in tiefe, verzweifelte Traurigkeit abgestürzt zu sein.

Es ist wieder mal so weit. Ich bin an dem Punkt, zu dem ich immer wieder zurückgekehrt bin. Von dem ich weggegangen bin. Viele Male. Immer in der Überzeugung, nicht mehr zurückzukehren. Aber wieder bin ich dort. Dieser Punkt ist nicht einfach zu beschreiben. Ein blinder Fleck, ein Loch, ein Abgrund, ein luftleerer Raum, ein Riss, ein Sumpf. Der Punkt liegt zu tief, als dass ich von hier aus irgendeine Aussicht hätte. Von hier aus sieht man nichts. Hierhin fällt kein Licht. Hier gibt es nur mich. Es ist ein Für-sich-Sein. Aber nicht eines von diesen Ich-genieße-die-Zeit-die-ich-für-mich-hab. Kein Heute-gibt-es-keine-Sehnsucht-die-mich-zerreißt-und-ich-ruhe-in-mir-selbst. Es ist ein zwanghaftes Für-mich-Sein. Vielleicht ist dieser Punkt auch ein Spiegellabyrinth. Ich laufe und irre und suche, aber von jeder Wand glotze ich mir selbst entgegen. Glotzt mir das Gesicht entgegen, das ich nicht mehr sehen will. So fremd, so hässlich, so grau. Verheult. Erstarrt. Versteinert. Nur Kinder glauben noch daran, vor sich selbst wegrennen zu können. Ich glaube nicht mehr daran. Bin längst kein Kind mehr. Und wollte doch nie erwachsen werden. Ich habe keine Ziele mehr. Keine Träume. Keine Wünsche. Keine Sehnsüchte. Das Einzige, was ich will, ist einfach die Augen zumachen, um meine eigene Fresse nicht mehr ansehen zu müssen, die mich müde und leer anglotzt.

Was macht mich eigentlich traurig?

Warum ist es schwer, Traurigkeit zu zeigen? Eine Expertenmeinung

Oft fällt es einem furchtbar schwer, zur eigenen Traurigkeit zu stehen und sie zu zeigen. Warum ist das so?
Ich fragte den Hamburger Psychologen Dietrich Treber, den ich gut kenne. Wir verabredeten uns für ein Gespräch, das vielleicht ein wenig Klarheit bringen könnte. »Grundlegend ist es so«, sagt Dietrich, »dass kein Mensch für sich allein leben kann. Jeder ist auf den anderen angewiesen. Wenn das Gegenüber fehlt, werden Gefühle flach und grau.«
Jeder von uns braucht also eine Person, bei der man Gefühle zeigen kann und darf. Daraus schöpfen wir Kraft; daraus entstehen Vitalität und Lebensfreude; graue, undefinierbare Gefühle werden wieder farbig. Ich brauche den anderen vor allem auch, um mich selbst (wieder) zu spüren. Der andere hält mir einen Spiegel vor, auf den ich reagieren kann. Wenn ich zum Beispiel als Autorin in eine Schulklasse gehe und eine Lesung aus einem meiner Bücher halte, dann kann ich nicht nur meine Nase ins Buch stecken und mit dem Gesicht nach unten vor mich hin murmeln und so tun, als wäre ich allein im Raum. Die Reaktion meiner Zuhörer zeigt mir genau, was ich falsch oder richtig mache. Ich muss überlegen, was ich ändern kann, damit wir uns näher kommen können. Daraus entsteht für die Zeit der Lesung so etwas wie eine Beziehung zwischen den Schülern und mir, wir lassen Gefühle zu – oder vielleicht auch nicht.
Doch zurück zur Ausgangsfrage: Warum tun sich die meisten Menschen schwer damit, traurige Gefühle zu zeigen? Die Angst davor fängt schon sehr früh an, und zwar gleich nach der Geburt. Dort wird die Basis gelegt für das spätere Verhalten, Gefühle so oder so auszuleben und zu zeigen oder eben auch nicht.

Die Mutter hat, auch weil das Kind so lange in ihr war, den engsten Kontakt zu ihrem Baby. Das Baby schreit, wenn die Mutter es mal allein lässt. Kein normales Baby mag es, verlassen zu werden. Es ist wütend und traurig und weint. Es will immer noch die ganz feste Bindung mit der Mutter haben. Es möchte beschützt werden, Wärme bekommen, gestreichelt werden, die Mutter spüren.

Abschied nehmen ist von Geburt an ein Dauerthema im Leben. Ständig und immer wieder. Tatsächlich entwickeln Babys schon sehr früh Strategien, wie sie die Mutter und natürlich auch den Vater dazu bringen können, nicht wegzugehen. Später, mit etwa zwei Jahren, beobachtet das Kleinkind die Eltern sehr genau und lernt ihnen zu gefallen. Dabei spielt es eine große Rolle, ob das Kleinkind sich auf die Mutter verlassen kann oder nicht. Ist die Mutter zuverlässig, lässt sie das Kind spüren, dass sie immer wieder zurückkommt, dann weiß das Kind, dass es nicht nur »liebe« Gefühle zu zeigen braucht. Es darf auch Gefühle zum Ausdruck bringen, die für die Mutter oder den Vater nicht immer leicht auszuhalten sind: Wut und Trauer. Kinder, die diese Sicherheit von ihren Eltern vermittelt bekommen, trauen sich deshalb schon früh und auch später im Leben Wut, Hass und Trauer zu zeigen und zu leben. Ihre Beziehung zu den Eltern hält das aus, die Eltern werden sich deswegen nicht scheiden lassen oder gar für immer weglaufen. Kleinkinder, die spüren, dass ihre Mutter oder gar beide Eltern unzuverlässig sind und dass sie ungern schreiende, wütende Kinder um sich haben, werden sich überlegen, wie sie sich bei der Mutter oder dem Vater einschmeicheln können. Sie hoffen, dass die Eltern bleiben, dass sie lieb sind, nicht schimpfen, nicht schlagen und auch nicht davonlaufen. Wird diese Hoffnung enttäuscht, halten Kinder sich immer mehr zurück, passen sich an, verschließen sich und schlucken ihre wirklichen Gefühle runter. In diesem Fall sind das Trauer, Wut und Hass. Irgendwann machen sie

Was macht mich eigentlich traurig?

dicht und spielen das brave, pflegeleichte Kind, das keinen Kummer machen möchte.

Nach außen ist alles in Ordnung, aber im Innern steht das Kind unter einer unglaublichen Spannung, die genau das Gegenteil von dem ist, was es zeigt. Bloß nicht merken lassen, wie es wirklich in mir aussieht, denn die Mutter oder der Vater oder auch die Geschwister könnten sich meinetwegen streiten oder mir böse sein. Diese Art, mit den eigenen Gefühlen umzugehen, hält so lange an, bis es irgendwann nicht mehr geht. Dann explodiert die unterdrückte Traurigkeit mit voller Wucht. Das Kind wird krank, depressiv oder aggressiv, um nur einige Beispiele zu nennen.

Dazu kommt noch etwas anderes: Wir leben in einer Kultur, in der möglichst keine Trauer gezeigt werden soll. Alles soll easy sein, es sollen möglichst unproblematisch schnelle Lösungen angeboten werden, die man innerhalb von wenigen Minuten abhakt. Und: Alle sollen einen mögen, keiner will als schwierig oder anstrengend dastehen. Es gilt als toll, unverletzbar rüberzukommen, sich selbst im Griff zu haben und sich nicht auf Situationen einzulassen, in der man die Kontrolle über sich verliert. Man könnte handlungsunfähig und angreifbar werden ... Bloß das nicht! Cool sein heißt die Devise. Die Medien und die Werbung helfen noch kräftig nach. Immer-total-gut-drauf-Sein wird als beste Lebenseinstellung angepriesen.

Als Dietrich die Texte der Jugendlichen las, die ich für dieses Buch gesammelt habe, fiel ihm ein Punkt besonders auf: Alle ahnen in ihrer Trauer (und teilweise bringen sie es sogar selbst auf den Punkt), dass sie mit anderen sprechen *müssen*, um wieder zu sich zu finden. Sie möchten wieder zurück zu ihrer eigenen Vitalität, ihrer Lebensbejahung und wollen nicht im Grau oder im schwarzen Loch hängen bleiben, und dazu brauchen sie den Austausch mit anderen. Hier wurde der erste Schritt also getan. Doch wie geht es weiter?

Kontaktpersonen, vor allem außerhalb der Familie, sind sehr wichtig. Alle, die im berüchtigten schwarzen Loch hängen, sollen genau überlegen, an wen sie sich wenden, zu wem sie Vertrauen aufbauen können. Diese Person sollte mit ihnen gemeinsam durch die Krise gehen und das auch aushalten. Wenn die ganze Familie von einem Kummer betroffen ist, etwa bei einer Scheidung oder einem Todesfall, sind die eigenen Eltern oder Geschwister selbst zu nah an dem Problem. Vielleicht sind sie zu verletzt und haben mit sich und der eigenen Trauer genug zu tun.

Nichts

Manchmal möchte ich weinen,
doch es geht nicht.
Manchmal möchte ich lachen,
doch es geht nicht.
Es ist, als hätte mir jemand meine Gefühle geraubt.
Was ist ein Mensch, der nicht weinen kann,
ein Mensch, der nicht lachen kann.
Ein Nichts – bin ich ein Nichts?

Tobias, 22 Jahre

Der Prozess, in dem man gemeinsam mit einer anderen Person die Krise überwindet, ist wie eine Reinigung. Diese Reinigung kann nur unter bestimmten Bedingungen und mit bestimmten Menschen gelingen. Auch das dürfte ein Grund sein, weshalb Jugendliche mit Recht sehr vorsichtig, skeptisch und zurückhaltend sind, ehe sie Erwachsenen von ihrer Trauer erzählen. Es braucht viel Engagement von beiden Seiten, bis man die richtige Person gefunden hat, zu der man ein stabiles Vertrauensverhältnis aufbaut. Der gemeinsame Weg kann lange dauern. Aber während dieser schwierigen, schmerzhaften Phase kann etwas entstehen, das auch dann trägt, wenn Jugendliche nicht auf der Sonnenseite des Lebens stehen und von anderen abgelehnt, ausgeschlossen und sogar verstoßen werden.

Zum Leben gehören beide Seiten: die dunklen und die hellen. Sicher ist es unbequem und sehr schwer, über diese düsteren Tiefen zu reden, durch diese Finsternis zu gehen, aber nur so können sämtliche Gefühle akzeptiert werden. Und ein Gleichgewicht aller Gefühle ist die Voraussetzung für ein glückliches, ausgeglichenes Leben.

Auf dem Weg dorthin ist nicht nur der Kontakt mit Vertrauenspersonen wichtig, es gibt auch andere Möglichkeiten. Lesen, Malen und Schreiben bringen viel, aber auch traurige Musik hören oder in Tanz und Körperbewegung Trauer zu zeigen hilft oft weiter. Und natürlich können auch Filme (zum Beispiel *Jenseits der Stille*), Gemälde, Skulpturen und Theaterstücke gute Impulse zur Auseinandersetzung geben. Durch sie ist es möglich, traurige Gefühle zu ertragen, zu verarbeiten und zu bewältigen. Diese Formen der Trauerbewältigung sind persönlich kontrollierbar. Der Kontakt mit anderen Menschen ist nicht kontrollierbar – aber unglaublich wertvoll.

Wie soll ich dich vergessen? Liebeskummer

Liebeskummer ist ein schwieriges, heikles Thema: Wer gibt schon gerne zu, unglücklich verliebt zu sein? Die Angst, vielleicht wie eine heiße Kartoffel fallen gelassen zu werden, kann einem den Schlaf rauben. Mindestens genauso schlimm ist es, wenn der Geliebte einen gar nicht auf der Rechnung hat. Von Eifersucht erst gar nicht zu sprechen – dieses Gefühl kann zu einer Höllenqual werden. Und wenn eine Liebesbeziehung zu Ende geht, scheint die ganze Welt zusammenzubrechen.

Aus Katharinas Gedankenbuch

Ich sitze im Zug und lehne mich entspannt zurück. Draußen scheint die Sonne. Hausaufgaben erledigt. Frei. Ich räkle mich zurecht und atme tief und wohlig ein, während ich die Augen schließe. »Peng«, schon schießt mir sein Name wieder durch den Kopf. Es ist schrecklich, ich öffne die Augen wieder und blicke aus dem Fenster. Aber ich nehme nichts draußen wahr. Sein Name ist in meinem Gehirn wie eingebrannt. Jedes Mal, wenn ich zufällig mal fünf Minuten Zeit habe und in meine Traumwelt verschwinden will, gilt mein erster Gedanke ihm. Gut, das wollte ich schließlich irgendwann mal so; irgendwann, als ich es noch schön fand, an ihn zu denken ... Jetzt tut es nur noch weh. Es gab eine Zeit, in der ich noch lächelnd die Augen geschlossen habe, um an ihn zu denken, und in der mir dann noch wunderbar warm war. Ja, da kannte ich ihn noch nicht wirklich. Da war alles noch gut. Es hätte nie so weit kommen dürfen, dass er mich zwischen Hoffnungen und kalten Tatsachen hin- und herwirft. Einmal gab er mir eindeutige Zeichen, so dass ich noch ganz glücklich war und dachte: »Ja, das ist es!«, und dann kam wieder lange gar nichts oder nur indirekte Hin-

Was macht mich eigentlich traurig?

weise, dass er von mir nichts wissen will. Ja, und die kamen meistens von meiner besten Freundin Nele, die mir so oft versichert hat, dass sie einen Scheißdreck an ihm interessiert ist. Und das war mir dann noch wahnsinnig wichtig, weil ich mir geschworen habe nie auf einen Typen zuzugehen, in den eine Freundin verknallt ist. Dann lieber in alle Ewigkeiten todunglücklich sein, aber nie meine beste Freundin auf diese Weise verletzen. Ja, aber sie war ja angeblich nie in ihn verliebt. Im Gegenteil, sie hat mir immer erzählt, wie toll sie es fände, wenn ich mit ihm zusammenkommen würde. Und dann nutzt sie auf einmal jede Gelegenheit, um mir klar zu machen, dass er nur SIE toll findet. Und sie hat mir ständig erzählt, wie sie sich treffen. Zu-

erst sollte ich ja auch immer dabei sein, aber das ging ur-
plötzlich aus den abwegigsten Gründen nicht mehr ... Aber
nein, sie wollte nie was von ihm. Das Einzige, was sie wirklich wollte, war, dass er was von IHR wollen würde. Und
warum? Nur um mir zu zeigen, wie schlecht ich gegen sie
aussehe?

Jedes Mal, wenn ich ihn getroffen habe, war ich danach im
siebten Himmel; und jedes Mal hat Nele das irgendwie zerstört. Jedes Mal hat sie es hingekriegt, dass ich mich danach
gefragt habe: »Mein Gott, wie naiv bist du eigentlich? Wie
blöd bist du, auf die Idee zu kommen, dass er ausgerechnet
DICH mögen könnte? Wie konntest du nur auf seine Zeichen reagieren? Merkst du nicht, wie lächerlich du dich damit gemacht hast und auch immer noch machst?«

Und dann hat sie ihn in den Urlaub eingeladen. Ja, und jetzt
liegen sie irgendwo gemeinsam am Strand, lachen über
meine Blödheit und ... Ich kann gar nicht daran denken. Wie
konnte ich nur so blöd sein und Nele alles anvertrauen?
Wieso habe ich nicht gemerkt, was sie mit mir spielt? Ja, sie
war meine Nele, meine beste Freundin, und wenn ich ihr
nicht alles erzählt hätte, wäre sie sauer geworden, denn
ganz verbergen konnte ich es nicht.

Verdammt. Sie werden über mich lachen und alles weiter-
erzählen. Und es tut so verdammt weh, mit etwas aufge-
zogen zu werden, was man vergessen möchte.

Ich fühle mich so elend. Dreckig, klein, dumm, ausgenutzt,
aussortiert. Und so soll ich zwischen ihnen allen stehen?
Die merken ja noch nicht einmal, wenn sie mich treten.

Katharina, 15 Jahre

Ich habe Jugendliche gefragt, wie sie sich trösten, wenn sie
Liebeskummer haben. Torsten zum Beispiel besäuft sich
oder nimmt Drogen. Er hält die Trauer nicht ohne Rausch-
mittel aus. Aber er hat auch Ideen, wie er sich selbst Mut
machen kann.

Was macht mich eigentlich traurig?

Wahrscheinlich würde ich Trost im Alkohol oder in anderen berauschenden Mitteln suchen. Denken, dass nicht nur ich Fehler gemacht habe.

Mit der Zeit lebt man sich eben auseinander. Vielleicht sollen wir doch noch einmal ganz von vorne anfangen. Oder ich suche mir eine andere Freundin. Andere Mütter haben schließlich auch noch schöne Töchter. Ich trink mir einfach einen an. Das Leben geht weiter und dieser Beziehungsbruch wird mich schon nicht umbringen. Aber morgen sieht der Tag bestimmt schon wieder anders aus. Und wenn nicht, muss ich mir eben was anderes überlegen. Jetzt gehe ich schlafen, und wenn ich morgen aufwache, geht es mir wieder besser! Hoffentlich!!!

Torsten, 17 Jahre

Aus Sarahs Tagebuch

1. Dezember

PATRICK!

»Sieh nicht alles so grau.«

»Vielleicht kannst du ja mit ihm befreundet sein.«

Ja, kluge Sprüche kann ich mir anhören. Aber wie soll man dich vergessen? Wie jemanden wie dich vergessen? Wie deine Küsse und Umarmungen? Deinen Geruch? Deine Haare? Deine Hände? Deine Augen? Wie die Träume, die wir gesponnen haben? Wie die Zärtlichkeiten? Die Albernheiten? Die Abende in Discos und die gemeinsamen Kinobesuche? Dein Lachen, dein Lächeln, deine Stimme? Wie deine Tränen? Deine Hilflosigkeit? Ich kann die Rosen nicht wegwerfen, die Fotos, die Erinnerungen. Ich kann gar nichts mehr ohne dich. Nicht glücklich sein, nicht mein Zimmer aufräumen, keine Hausaufgaben machen. Ich kann den Winter nicht mehr ertragen, die Kälte, den Regen, den Schnee, die Dunkelheit. Nicht mal mehr weinen kann ich, weil die Tränen aufgebraucht sind. Ich kann nicht aufhören an dich zu denken, zu hoffen, Briefe zu schreiben, die du nicht haben willst. Komm noch einmal zurück. Oder sag mir, dass alles keinen Sinn hat. Sag mir, dass du mich nicht liebst. Nur einmal. Ich will keine Ausflüchte. Ich will Klarheit. Eine neue Chance oder ein endgültiges Ende. Ich will kein Vielleicht.

19. Dezember

Unterwegs nach Düsseldorf. Eine Flucht aus der Realität. Seit einem Monat halte ich mein Leben kaum noch aus. Es ist so schwer, all die Erinnerungen mitzuschleppen. Ich weiß nicht, wie lange ich dafür noch die Kraft habe. Als der Zug gerade im Bahnhof einfuhr, hab ich gedacht: Jetzt einfach davor schmeißen und alles ist ausgestanden. Dabei ist das albern. Ich würde mich gar nicht trauen vor einen fahrenden Zug zu springen. Und noch hänge ich wenigstens so sehr am Leben, dass ich es nicht mutwillig selbst beenden würde. Allerdings glaube ich, es würde mich nicht sehr treffen, wenn mir jemand sagen würde, dass ich morgen sterben müsste. Die Trauer und der Schmerz werden nach und nach immer mehr zu Gleichgültigkeit. Nur leider nicht zu einer Gleichgültigkeit Patrick gegenüber – allem anderen gegenüber bin ich gleichgültig, Patrick gegenüber aber noch am wenigsten. Er hat es anscheinend nicht nötig, irgendwas zu klären, und ich weiß nicht, ob ich überhaupt noch klären will, klären kann. Das wäre wieder so ein großer Kraftaufwand. So ein Alles-noch-einmal-Aufrollen. Dabei reißen meine Wunden eh schon viel zu oft auf. Kleinigkeiten sind Auslöser. Und dann liegt die Prinzessin wieder in ihrem Bett und heult sich die Augen aus dem Kopf. Und draußen weint der Regen, als wolle er der Prinzessin Beistand leisten. Aber die Tränen, die der Prinzessin etwas bedeutet haben, sind schon seit einem Monat getrocknet. Es waren die Tränen des Prinzen, die er so völlig unerwartet vergoss. Ich wünschte, ich wäre stärker. Ich wünschte, ich

42

Was macht mich eigentlich traurig?

hätte Patrick nie getroffen. Ich wünschte, der Regen würde endlich aufhören. Aber meine Wünsche bleiben unerfüllt.
Sarah, 19 Jahre

Wer will schon einen Knacki lieben? Liebeskummer zuzugeben ist ein totales Tabu für die Jungen, die hinter Gittern sitzen. Keiner möchte darüber reden, dass die Freundin, Verlobte oder Frau nichts mehr von einem wissen will. Ich habe es als einen Vertrauensbeweis empfunden, wenn inhaftierte Jungen mir Liebesbriefe von »draußen« zeigten. Sie tragen sie wie einen Talisman mit sich herum. Es sind Schätze für sie, Kostbarkeiten, die sie immer wieder berühren, ansehen und durchlesen. Auch wenn die ein- und ausgehende Post im Knast geöffnet und kontrolliert wird, diese Briefe sind für sie trotzdem ein kleines Stückchen Wärme und ein bisschen heile Welt. Glückspilze, die solche Post bekommen. Der Liebeskummer tut dann weniger weh.

Aus einem Gespräch mit einem jugendlichen Häftling
»Weinen tu ich nur für mich allein.«
»*Wo denn?*«
»Auf der Toilette, wenn der andere durchzieht.«
»*Nur da?*«
»Oder unter der Dusche. Ich halte mein Gesicht in den Wasserstrahl, dann sieht man die Tränen nicht.«
»*Kannst du auf Anhieb weinen?*«
»Muss ich ja. Weil ich nur zwei Mal die Woche duschen darf. Und ich bin öfter traurig. Den Rest muss ich auf dem Klo erledigen, während der andere durchzieht. Dann hört man mein Weinen nicht.«

Wovor ich mich fürchte

Plötzlich ist sie da, die Angst vor dem Tod eines geliebten Tieres, die Angst vor dem eigenen Tod oder vor dem Tod der Eltern, der Schwester, des Bruders. Wohin mit den Tränen, die allein schon beim Gedanken daran kommen? Die 15-jährige Inga zum Beispiel hat Angst, ihr Pferd zu verlieren.

Jetzt ist auch noch mein Pferd krank. Ich bekam Steppchen in dem Jahr, als mein Bruder starb, zu Weihnachten. Mein Opa, der Hufschmied ist, schenkte sie mir. Ich war ganz schön fertig, als wir mitbekamen, dass etwas nicht in Ordnung ist. Mir kamen sofort viele Erinnerungen an die Zeit, als mein Bruder krank war und als er starb. Nun muss man wissen, dass ich eine sehr enge Bindung zu meinem Pferd habe. Steppchen ist sehr treu, artig und kaum schreckhaft. Sie ist auch sehr anhänglich und folgt mir, wohin sie nur kann. Trotzdem hat sie einen ganz schönen Dickkopf! Sie weiß genau, was sie will. Ich hatte große Angst, sie zu verlieren, weil sie mir sehr nahe steht. Ich kann es mir gar nicht ohne sie vorstellen. Vor einiger Zeit waren wir bei einem Heilpraktiker, wodurch sich ihr Zustand schon verbessert hat. Aber dann gab es wieder andere Probleme, so dass wir zum Röntgen in eine Tierklinik mussten. Ich hatte große Angst um sie, weil es bei Pferden Krankheiten gibt, die unheilbar sind. Nun fürchte ich mich schon wieder vor dem nächsten Problem. Ich weiß, dass sie irgendwann sterben muss, aber erstens ist sie erst dreizehn Jahre und zweitens wird es für mich nicht einfach, weil ich schon mal einen Verlust durchgemacht habe. Ich habe aber die Einstellung, dass ich sie von einem qualvollen Leben jederzeit aus LIEBE erlösen will, und dazu werde ich stehen, auch wenn es mir sehr schwer fällt. Steppchen wird in meinem Leben immer einen besonderen Platz haben!

Was Inga hier erzählt, ist nicht das Einzige, was sie bedrückt. Sie hat erlebt, wie ihr kleiner Bruder starb. Seitdem hat sie Angst vor dem eigenen Tod.

Wenn es mir körperlich schlecht geht und ich krank bin, bekomme ich große Angst, Panik sogar, dass ich so krank werde wie mein Bruder Thimo, und Angst, dass ich sterben könnte. Ich fürchte mich vor Schmerzen, sogar beim Sport habe ich Angst, mich zu verletzen. Ich lebe aber gern und will mein Leben genießen. Allerdings habe ich auch Angst, dass meine Eltern, mein Hase und ganz besonders mein Pferd sterben könnten und dass ich wieder verlassen bin. Sobald es einem von ihnen nicht gut geht, geht es mir auch schlecht. Ich bekomme dann Bauchschmerzen, Durchfall, Kopfweh oder mir ist übel. Ich habe immer sofort Angst, dass diese Beschwerden nicht wieder weggehen, jeder kleinste Schmerz verursacht in mir Panik, Lebenspanik. Ich glaube sicher, dass das mit Thimo zusammenhängt. Er war vor seiner Krankheit schließlich auch sechs Jahre immer gesund gewesen. Als ich letztes Jahr im Sommer ins Krankenhaus musste, wusste keiner der Ärzte, welche Krankheit mein Fieber verursachte. Das war die Hölle für mich und meine Eltern. Denn genauso war es bei Thimo. Ich glaube nicht, dass ich diese Angst je wieder loswerde. Das Einzige, was ich tun kann, ist, immer wieder mit meinen Eltern über diese Gefühle zu sprechen. Hätte ich all das mit Thimo nicht erlebt, hätte ich diese Ängste bestimmt nicht bekommen. Ich muss eben lernen damit umzugehen. Ich habe aber dadurch auch erfahren, wie kostbar Geschwister und Gesundheit sind. Wenn ich höre, dass sich manche Geschwister sehr viel streiten, und ich dann sage, dass sie froh sein sollen, Geschwister zu haben, können sie mich oft nicht verstehen. Dabei weiß ich doch, wie es mit und ohne Geschwister ist. Es ist schlimm ohne meinen Bruder. Ich fühle mich oft einsam, bleibe nicht gern allein zu Hause, weil ich Angst habe, dass dann etwas passieren könnte.

Einzelkinder denken oft nur an sich. Gut, dass ich kein Einzelkind bin, aber leider verwaist.

Das passiert sonst doch nur in anderen Familien: Trauer um das Liebste, was ich hatte

Es passiert eben nicht nur in anderen Familien: Plötzlich ist er da, der Tod, mit voller Wucht. Es trifft Freunde, Verwandte, die eigenen Eltern oder Geschwister. Manchmal unerwartet, manchmal auch erwartet, weil jemand langsam durch eine Krankheit sterben muss. Das Liebste, was man hatte, ist gestorben. Zum Beispiel in Mariekes Familie.

Mariekes Bruder Sören kam mit seinem Freund Steffen beim Spielen in einer Sandkuhle ums Leben. Sie versanken im plötzlich rutschenden Sand und erstickten. Sören starb drei Tage vor seinem zehnten Geburtstag. Seitdem Marieke schreiben kann, führt sie Tagebuch. Sie erlaubte mir darin zu lesen. Gemeinsam haben wir folgende Abschnitte ausgewählt:

Was macht mich eigentlich traurig?

4. Juli

Dear Diary!

Heute waren Mama, Sören und ich auf dem Friedhof in Süderhastedt, um dort das Grab von Mamas Eltern zu säubern und neue Blumen zu pflanzen. Daran haben Sören und ich uns jedoch nicht so sehr beteiligt, stattdessen haben wir auf dem Friedhof Verstecken gespielt.

5. Juli

Sören ist tot!!!

Was soll ich denn ohne meinen lieben, süßen, kleinen Bruder machen? Ich liebe ihn doch! Ich glaube, es gibt keinen Gott, denn dann hätte er das nicht zugelassen. Für mich hat das Leben keinen Sinn mehr. Es ist wie ein schrecklicher Traum. Ich kann es noch gar nicht fassen. Besonders Mama und Papa tun mir leid! Sören, ich liebe dich!

6. Juli

Ich glaube, heute und gestern waren die schrecklichsten Tage meines Lebens. Wir haben Sören und seinen Freund Steffen angeguckt. Steffen sah einfach schrecklich aus, aber Sören sah so aus, als ob er ganz lieb schlafen würde. Ich werde ihn so sehr vermissen, aber wir müssen jetzt stark sein und hoffen, dass dieser schlimme Schmerz bald vorbei ist. Alles wird wieder gut werden. Sören hatte ein schönes Leben.

7. Juli

Ich weiß gar nicht, was ich machen soll. Ich kann mich auf nichts konzentrieren. Für Mama ist es am allerschlimmsten. Wie kann ich sie nur trösten, wenn ich doch selber ganz viel Trost brauche? Wir müssen uns jetzt gegenseitig helfen und ganz stark sein! Wir haben ihn alle so sehr geliebt. Aber ich weiß, dass wir es zusammen schaffen!

8. Juli

Heute war die Beerdigung. Es war so schrecklich. Wir haben nur geweint. Es waren so viele Leute dort. Die Trauerfeier für Sören und Steffen wurde zusammen in Winbergen abgehalten. Der Pastor hat es sehr gut gemacht. Das ganze Grab ist ein buntes Blumenmeer. Schade, dass Sören es nicht sehen kann. Heute war ein schlimmer Tag. Wie werden wohl die nächsten Tage?

9. Juli

Heute ging es uns schon wieder etwas besser. Steffens Eltern waren auch bei uns. Wir haben einander viel von Sören und Steffen erzählt. Sören war eher ruhig, aber trotzdem fröhlich und irgendwie lebhaft. Steffen war abenteuerlustig und musste alles genau erforschen. Die beiden waren sehr gute Freunde und haben sich prima ergänzt. Sie sind als gute Freunde gestorben.

10. Juli

Ich bin ein bisschen mit dem Paddelboot gefahren, aber mit Sören hätte es viel mehr Spaß gemacht. Er konnte es auch viel besser als ich. Ich vermisse ihn so sehr. Mit wem soll ich denn jetzt neue Wege erforschen, Jägerhütten besichtigen und Spiele spielen???

11. Juli

Als ich heute Morgen aufgewacht bin, erschien mir alles so schrecklich sinnlos. Sören hat heute Geburtstagspost aus Argentinien bekommen. Mama hat geweint. Wir bekommen oft Besuch. Das lenkt ein bisschen ab. Langsam fängt das Essen wieder an zu schmecken. Mama hat nämlich 5 Kilo abgenommen und ich 2.

12. Juli

Wir waren im Freibad. Es war sehr voll und man hatte kaum

Was macht mich eigentlich traurig?

49

Platz zum Schwimmen. Als ich die kleineren Jungs gesehen habe, musste ich immer an Sören denken.

21. Juli

Ich habe schon lange nichts mehr von Sören geschrieben. Wahrscheinlich wollte ich es nur verdrängen. Ich vermisse ihn mehr denn je!!! Aber am Tag bin ich jetzt meistens abgelenkt. Abends und nachts ist es schlimmer.

22. Juli

Im Moment ist alles sooooo sinnlos! Das ganze Leben hat seine Freude und seinen Glanz verloren, seit Sören tot ist. Was soll ich denn noch ohne ihn? Er war soooo lieb!!!

8. August

Die Ferien waren schrecklich, aber ich habe keine Lust auf die Schule. Es ist alles so trostlos!

9. August

Letzter Ferientag.
Schrecklich, morgen fängt die Schule an. Das einzig Gute ist, dass Eva morgen in die Schule kommt. Viele werden Fragen stellen. Der Gedanke, dass Sören mir nicht mehr die Tür aufmacht, wenn ich aus der Schule komme, ist schrecklich. Ich habe Angst vor dem Alltag.

Was macht mich eigentlich traurig?

Sie war doch erst vier Jahre alt!

Nelly ist 18 Jahre alt. Sie kommt aus einer großen Familie: Sie ist die Älteste von acht Kindern. Ihre jüngere Schwester Kirstin, Zwillingsschwester von Anne, starb mit vier Jahren an einem Gehirntumor. Nelly begriff erst viel später, was für ein tiefer Einschnitt Kirstins Tod in ihrem Leben war.

Vor dem Sterben habe ich nicht solche Angst wie vor meiner Zukunft. Da weiß ich wenigstens, worauf ich mich freuen kann. Und zwar auf Kirstin, die ich oft so doll vermisse. Wenn ich mit dem Thema Tod im Kino oder wo auch immer konfrontiert werde, denke ich ganz viel an sie und fange dann auch meistens an zu weinen, weil ich es so blöde finde, dass sie Anne und mich, Mama und Papa und alle anderen verlassen hat. Sie war doch erst 4 Jahre alt!! Wo steckt da die Gerechtigkeit? Da können lieber 80-jährige Leute, die ihr Leben schon hinter sich haben, sterben, aber nicht so junge Menschen wie Kirstin!!
Durch sie habe ich keine Angst vorm Sterben, denn irgendwie habe ich das Gefühl, dass ich sie, wenn ich sterbe, wieder treffen werde und wir sozusagen das nachholen können, zu was uns auf der Erde keine Chance gegeben wurde.

♥ I MISS YOU !! ♥

Na, habe ich's doch gewusst, jetzt weine ich. Aber das finde ich im Moment ganz gut! Vielleicht habe ich auch deswegen Angst vor der Zukunft, weil ich Angst davor habe, dass noch mehr Leute sterben werden, die mir sehr wichtig sind und die ich sehr lieb habe. Davon ist ja leider auszugehen und ich habe Angst, damit nicht umgehen zu können!! Der Tod von Kirstin ist nun schon 14 Jahre her und trotzdem beschäftigt er mich noch sehr.

Lasst mich bloß in Ruhe, wenn ihr schon
keine Ahnung habt: Erste Reaktionen

53

LASST MICH BLOSS IN RUHE, WENN IHR SCHON KEINE AHNUNG HABT: ERSTE REAKTIONEN

Keinen blassen Schimmer haben die Leute, wie sie mit mir umgehen, mich ansprechen können, oder ob sie mich in Ruhe lassen sollen. Stimmt schon, dass ich meine eigenen Wege in der Trauer gehe, die für andere unverständlich sind, aber das ist ja meine eigene Entscheidung. Ab und zu muss ich durchknallen, sonst drehe ich noch mehr ab. Kann schon sein, dass ich nicht verstanden werde. Ich brauche Krach und Lärm. Ab und zu einen Joint. Besaufen wäre nicht schlecht, auch wenn mir danach zum Kotzen ist. Ich möchte schreien, aber nur dann, wenn es mir passt. Ich brauche aber auch meine Ruhe, meine eigenen vier Wände. Lasst mich zufrieden! Sicher fällt mir auf, dass meine Umwelt sich schwer tut mit mir, vielleicht auch, weil sie kei-

*ne Ahnung hat, wie sie sich verhalten kann, um mich zu ver-
stehen. Vielleicht sollte ich mal bei mir nachgucken, wie ich mit
anderen umgehe. Ich glaube, wir sind alle unsicher. Schöner
Mist.*

Was mich richtig wütend macht

Ich habe einen Sommer lang mit Jugendlichen gearbeitet,
die in die Schreib- und Malwerkstätten kamen, weil sie
trauerten: um ihren toten Großvater, um den verstorbenen
Vater, der sich mit Aids infiziert hatte, um die Mutter, die
krebskrank war, um die tote Freundin und die Schwester,
die bei einem Autounfall ums Leben kamen.
Ich habe sie gebeten aufzuschreiben, was sie richtig wütend gemacht hat in ihrer Trauer.

- Immer diese blöden Fragen.
- Dass Leute finden, Kinder dürften nur eine
  bestimmte Zeit lang traurig sein und dann
  nicht mehr.
- Ich möchte in der Schule nicht darüber reden.
- Mama ist ein Trauerkloß.
- Ich kann nicht immer künstlich weinen.
- Nach den Ferien waren alle anders drauf.
- Auf der Beerdigung waren viele nur zum Gaffen
  da.
- Erst viel Rücksicht in der Schule, danach gar
  nicht mehr.
- Es nervt, dass ich zeigen muss, dass ich traurig
  bin.
- Eigentlich müsstest du mehr weinen.
- Wütend über die Ärzte.
- Dumme Bemerkungen bei der Beerdigung.
- Viele denken, ich bin nicht traurig.

- Der Name auf dem Grabstein.
- Mein Opa will nicht weinen, ich finde es schrecklich, dass er versteinert.
- Dass ich einerseits mit vielen Fragen und Situationen (zum Beispiel Umzug, Finanzen) überfordert bin und mir dann gesagt wird, wie erwachsen ich schon wäre, dass ich andererseits aber nicht allein mit meinen Freundinnen in den Urlaub fahren darf.
- Dass meine Großeltern, ohne mich zu fragen, beim Umzug Sachen von meiner Mutter weggeschmissen haben.
- Meine Freunde wollten mich sofort aufmuntern. Die konnten es einfach nicht aushalten, wie traurig ich bin.
- Am Anfang haben mich viele angestarrt.
- Verzögerung bei der Beerdigung.
- Dass meine Mutter oft angefangen hat zu weinen, weil Papa tot ist.
- Die alte Wohnung mit den Erinnerungen zurückzulassen, wo wir mit Papa gelebt haben. Er hatte alles noch gestrichen und renoviert.
- Blöde Fragen von Nachbarn an meine Mutter: »Hast du einen neuen Mann?« Oder: »Hat eure Mama endlich aufgeräumt? Hat sie eine neue Arbeit?«
- Mich hat wütend gemacht, dass Mama uns Geschichten aus ihrem Trauerbuch vorgelesen hat, obwohl wir das gar nicht wollten.
- Dass Mama uns kaum in den Arm nimmt, wenn wir weinen. Aber wenn sie weint, nehmen wir sie immer in den Arm.
- Dass ich von Mädchen in der Schule geärgert werde, obwohl Papa tot ist!

> Ich kann gar nicht alle Situationen aufschreiben, die Wut in mir entfachen. Das Problem ist, dass meine Wut, wenn ich sie nicht herauslassen kann, mich von innen auffrisst.
> **Inga**, 15 Jahre

Lasst mich bloß in Ruhe, wenn ihr schon keine Ahnung habt: Erste Reaktionen

Sie guckten uns entweder blöde an oder taten so, als wäre alles ganz normal

Trauer hat viele Formen. Soll ich weinen, damit die anderen sehen, dass ich traurig bin? Oder soll ich mal richtig draufhauen, damit endlich Ruhe ist? Allein schon wie die gucken! Hannes sagte mir, dass er oft Lust hat, patzig zu sein, sich zu streiten. Aber dann fällt ihm ein, dass Sebastian, sein mehrfach behinderter Bruder, sein Leben so gestaltete, dass er und Hannes trotzdem fröhlich sein konnten. Hannes wartet ab, wie es weitergehen kann. Sein Klavier rührt er zurzeit nicht an, denn dann erinnert er sich an seinen Bruder, der sich über seine Klaviermusik so freuen konnte. Hannes braucht jetzt viel Zeit für sich.

Als mein Bruder Sebastian gestorben war, blieb ich erst mal zu Hause. Mir war noch gar nicht richtig bewusst, dass Sebastian nun tot war. Wir DREI (Mama, Papa und ich) fuhren nun an die Ostsee. Das war schon komisch, denn wir hatten den Urlaub ja für VIER gebucht! Alle Leute, die wir dort schon kannten, fragten natürlich sofort nach Sebastian. Sie waren die ersten, denen wir sagten, dass Sebastian tot sei. Sie guckten uns entweder blöde an oder taten so, als wäre das ganz normal. Die erste Zeit nach dem Tod von Sebastian blieb ich zu Hause. Wir sagten meiner Lehrerin, dass mein Bruder gestorben sei und dass sie es der Klasse ruhig sagen könnte. Als ich dann das erste Mal wieder in die Schule ging, kümmerten sich meine Klassenkameraden sehr um mich. Manche sagten sogar, dass es ihnen leid täte. (Da weiß ich aber nicht, ob das nicht einfach dahingesagt wurde.) Naja, und zwei Wochen später war alles wieder stinknormal. Ausdrücke wie »Spasti« oder »Du bist wohl behindert!« wurden wieder gebraucht. Dabei wussten alle, dass mein Bruder behindert war. Ich ließ mir meine Trauer nicht

Lasst mich bloß in Ruhe, wenn ihr schon
keine Ahnung habt: Erste Reaktionen

anmerken. Und weinen in der Klasse??? Das ist doch unnormal und dann noch für einen Jungen! Also habe ich mir die Tränen verkniffen. Und das tue ich heute auch noch sehr oft. Das Jahr ging nun allmählich zu Ende und es hatte sich nicht viel verändert.

Hannes, 15 Jahre

Auf Thimos Beerdigung konnte ich nicht weinen

Auch Inga zeigt nicht immer, wie traurig sie ist. Sie erinnert sich daran, dass Thimos Tod eine Erlösung für ihn war.

Thimo war sechs Jahre alt, als er plötzlich in ein Koma fiel. In den kommenden Jahren verschlechterte sich sein Zustand immer mehr. Zum Schluss konnte er nicht mehr sehen und gehen. Schließlich schoben wir ihn in einer Karre und pflegten ihn zu Hause in einem speziellen Bett. Im September 1995 starb Thimo dann im Alter von acht Jahren. Keiner wusste, was er für eine Krankheit gehabt hatte.

Am Anfang dachte ich, ich würde aus meiner Trauer nicht mehr herauskommen. Aber trotz allem habe ich innerlich mehr getrauert, als es außen zu sehen war, wodurch ich vielleicht einige Menschen getäuscht habe. Aber ich wurde wohl von anderen Menschen sicher mehr enttäuscht. Ich habe anfangs sehr geweint, aber ich fühlte mich, als wäre ich in einem Traum. Ich hoffte irgendwann aufzuwachen und alles würde wieder wie früher sein. Auf Thimos Beerdigung konnte ich nicht weinen. Nicht, weil ich mich ge-

schämt habe, sondern weil ich wusste und fühlte, dass der
Tod selbst eine Erlösung für ihn war. Als er starb, lächelte er.
Inga, 15 Jahre

Manchmal möchte ich am liebsten draufhauen

Oft fehlen mir die Worte. Ich weiß nicht, wohin mit meiner Trauer. Das macht mich so wütend, dass ich um mich schlagen muss. Ich weiß mir sonst keinen Rat. Und dann hau ich drauf. Gnadenlos. Hinterher bin ich erschrocken über mich selbst.

Moufselle, ein jugendlicher Häftling, hat ein Bild gemalt, auf dem eine Frau geschlagen wird. Wir hatten vorher gemeinsam einen Text gelesen, in dem ein Mann sich aus Ei-

Lasst mich bloß in Ruhe, wenn ihr schon
keine Ahnung habt: Erste Reaktionen

fersucht betrinkt und im Suff seine Frau verprügelt. Über seine Tat ist der Mann dann furchtbar erschrocken. Viele der jungen Männer fanden sich in dieser Geschichte wieder, weil auch sie oft mit körperlicher Gewalt reagieren, wenn ihre Freundin sie verlassen hat oder ihnen untreu geworden ist. Mousselle hat über sein Bild nachgedacht und etwas dazu aufgeschrieben.

Was wäre, wenn ich, Mousselle, die Frau wäre, die auf meinem Bild geschlagen wurde?

Ich würde zurückschlagen und mich anschließend von dem Typen trennen.

Ein lebhaftes Herz, das einsam ist, das zerbrochen ist durch diese Einsamkeit, sucht nach neuem Glück, damit es wieder repariert werden kann. Irgendwann kommt der Tag, wie bei uns allen, da wird der Arm zur Umarmung kommen. Leider wird es noch ein bisschen dauern und ich muss noch ein bisschen warten, bis die nächste Umarmung kommt. Aber vielleicht bin ich der Nächste, der das Herz umarmt.

Manchmal nehmen Jugendliche in Vollzugsanstalten ihren ganzen Mut zusammen und sprechen mich an. Sie probieren auch gerne aus, ob sie Vertrauen zu mir haben können. Denn Vertrauen ist im Knast ein Fremdwort und der Tonfall oft rau. Das folgende Gespräch habe ich sofort notiert.

»Mein Liebeskummer geht nur mich was an.«

»Und deine Freundin?«

»Die auch.«

»Sprichst du noch mit ihr?«

»Sage ich nicht, das passt mir hier nicht, wie wir hier reden.«

»Warum nicht?«

»Das werde ich gerade dir erzählen. Hast du überhaupt einen Mann?«

»Fünf, wenn ich möchte.«

»Das heißt fünfmal Liebeskummer, das ist harte Arbeit. Haste nun einen Mann oder nicht?«

»Habe ich.«

»Dann weißte doch Bescheid, was Liebeskummer ist, oder?«

»Stimmt.«

»Na also, dann brauche ich doch nichts zu sagen. Dann kennste dich doch aus.«

Nicolle, 18 Jahre, traf ich in der U-Haft. Sie freute sich wie eine Schneekönigin, dass sie in der Mal- und Schreibwerkstatt mitarbeiten durfte. Am meisten freute sie sich aber, dass sie mit mir Niederländisch reden konnte. »Bist du Niederländerin?«, fragte ich. »Nein, ich komme aus dem ehemaligen Jugoslawien«, antwortete sie. »Meine Eltern leben da jetzt irgendwo, ich meine in den Niederlanden. Ich war auch für ein paar Jahre da. Ich kann noch viel mehr Sprachen.« Hier schwieg sie und ich ahnte, dass da etwas war, was sie mir nicht erzählen wollte. Sie sprach nämlich sieben Fremdsprachen und hatte trotzdem keinen Schulabschluss. Aber all das erfuhr ich erst viel später, als Nicolle am zweiten Tag in der Mittagspause zusammenbrach und furchtbar weinte. Vorher spielte sie die fröhliche Eingesperrte, die sich mit dem Schicksal, eingelocht zu sein, abgefunden hatte. Sie machte mit in allen Schreib- und Malphasen, aber irgendwann wurde mir mulmig. Zum Beispiel, als sie zum Thema »Was ist für mich Freiheit?« einen großen weißen Hügel malte mit einem riesigen weißen Kreuz darauf. Mit heftigen Bewegungen malte sie dieses Bild und schrieb mit fetten Buchstaben ›NICOLLE‹ unter den Hügel. Ihr eigenes Grab? Ihre Vorstellung von Freiheit? Sie gab keinen Kommentar zu diesem Bild ab, schob mir dafür einen winzigen Zettel zu, auf dem sie mit schwarzem Tintenschreiber ein tränendes Auge und ein gebrochenes Herz gemalt hatte. Im Gespräch mit den anderen jungen Frauen blieb sie aber fröhlich.

Dann, am zweiten Tag, schob sie mir wieder einen kleinen Zettel zu mit den Worten: »Kannst du mich bitte in die Arme nehmen?« Ihre Frage schnürte mir die Kehle zu. Ich

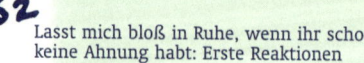

Lasst mich bloß in Ruhe, wenn ihr schon
keine Ahnung habt: Erste Reaktionen

nahm sie in die Arme, in der Mittagspause. Und Nicolle weinte hemmungslos. Sie war mit ihren Eltern durch ganz Europa gezogen, erzählte sie. Schon als Kind wurde sie von ihrem Vater durch zahllose Kneipen geschleppt. Nicolle mag sich selbst nicht mehr und ist von unendlicher Traurigkeit. Sie sehnt sich nach richtiger, aufrechter Liebe.

Verstehe mich –
ich hasse. Warum?
Ich vermisse
Ich will nicht mehr.

Hätte ich nur jemanden,
um zu lieben.
Zwei weiche Arme
um mich herum.

Ich rede nicht gern über mich selbst.
Und die Person, der ich am liebsten mein Vertrauen
geben möchte,
die gibt es nicht und gab es auch nie.
Sorry, aber ich möchte nicht weiterschreiben.
Ist nicht persönlich gemeint, sorry.
Und die Frage Freiheit?
Frei ist, wenn die Seele von allem befreit ist.

Nicolle, 18 Jahre

Vom Abkippen und von falschem Trost: Ich bin süchtig

Ich bin so im Sumpf, dass ich mich zudröhnen muss. Das Schlimme dabei: Ich zerfließe vor Selbstmitleid. Warum hat sie mich bloß hängen lassen, verdammt noch mal! Kommt dieses Gejaule von dem blöden Stoff, den ich mir reinschütte? Was weiß ich. Gleich flenne ich hier noch rum. Bloß wegen der dummen Tussi. Nix da, dann lieber mit Stoff zumachen!

Frans gibt sich Mühe. Er hat in der Schreib- und Malwerkstatt lange vor dem Papierbogen gesessen, als ich ihn bat etwas zu malen, womit er sich tröstet, wenn er Liebeskummer hat.

Frans malte schließlich auf einem riesigen Blatt Papier, genau in die Mitte, ein Glas, gefüllt mit Bier. Sonst nichts. Als wir ins Gespräch kamen, erzählte er mir von seinen Alkoholproblemen. Nachts, in der Zelle, schrieb er diesen Text:

Ein Glas Alkohol. Lösung, Vergessen, Flucht, Ratlosigkeit?
Alkohol, eine Flucht vor Problemen, aber keine Lösung.
Alkohol, eine Flucht ins Vergessen, doch nur bis zum nächsten Rausch.
Rausch, ein Zustand ohne klare Gedanken.
Rausch, herabsetzen der Hemmschwelle.
Rausch, der Weg ins Unbewusstsein.
Rausch, der richtige Weg?
Alkohol, die Antwort auf Ratlosigkeit?
Alkohol: das Tor zu weiteren Problemen!
Einzusehen, dass Alkohol keine Lösung,
sondern eine Enttäuschung ist, ist der erste Schritt,
eine Lösung zu finden.

Frans, 20 Jahre

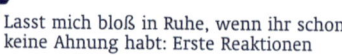

Lasst mich bloß in Ruhe, wenn ihr schon keine Ahnung habt: Erste Reaktionen

65

Viele Jugendliche aus kaputten Verhältnissen halten ihren Alltag nicht mehr aus. Sie suchen zum Beispiel bei Dealern Hilfe und greifen zu Drogen, weil sie glauben, dass dann alles leichter wird.

Nils, 18, hatte den Mut, seine Drogenkarriere ungeschminkt aufzuschreiben.

Als ich damals mit 10 Jahren meine erste Haschtüte rauchte, wusste ich nicht, worauf ich mich einließ. Ich wollte einfach mal so cool sein wie die Großen auf der Schule. Als ich es dann ausprobierte, war ich in mir der Größte, was auch gut 4 Jahre gut ging. Doch nach geraumer Zeit merkte ich, dass es immer mehr wurde und mich nicht mehr kickte. Ich fing an Shore zu rauchen. Ich rauchte dieses merkwürdige braune Pulver und merkte, wie dieses Wunderzeug

Lasst mich bloß in Ruhe, wenn ihr schon keine Ahnung habt: Erste Reaktionen

mich in eine andere Welt beförderte. Mit diesem Pulver konnte ich meinen Schulstress und den ganzen Ärger vergessen, also rauchte ich es immer häufiger und immer mehr. Nach etwa 8 Wochen weckte mich eines Morgens meine Mutter, weil ich zur Schule musste. Ich merkte, dass mein ganzer Körper schmerzte. Mein Schwager, der mich immer mit dem Zeug versorgte, gab mir etwas anderes zu rauchen. Mir ging es sofort besser. Aber dann bekam ich wieder Schmerzen. Meine Mutter fing an zu weinen. Ich fragte, was sie hätte, und nahm sie in die Arme. Und sie erzählte mir, dass ich Heroin rauche. Heroin, die schlimmste Droge, die es gibt. Meine Schwester trennte sich von meinem Schwa-

Drogen machen traurig

In einer Schreibwerkstatt mit jungen Berufsschülerinnen zum Thema Drogen schrieb **Anke**, 18 Jahre:

Drogen machen traurig, weil es immer mehr Menschen gibt, die sich nur noch unter Einfluss von Drogen gut fühlen und sich diesem Zwang unterwerfen. Mich persönlich schockiert aber noch viel mehr, dass einige Menschen sich von ihren »Freunden« zum Drogenkonsum überreden lassen. Obwohl man heutzutage eigentlich wissen müsste, welche Risiken man damit eingeht.

Hoffnung dagegen macht mir, dass es glücklicherweise oftmals Menschen gibt, die einem Betroffenen den Rücken stärken können und wollen. Gerade in solchen Situationen wird einem oft erst klar, wie wichtig es ist, wahre Freunde zu haben.

ger, meine Eltern stritten sich ständig meinetwegen und ich wurde kriminell, weil ich weiterrauchen wollte. Ich startete einen Computerbetrug, fing an zu stehlen, verkaufte wertvolle Sachen und bestahl sogar meine eigene Familie.

Nils hat acht gescheiterte Entgiftungen gemacht. Immer wieder geriet er in die Dealer- und Drogenszene, fuhr nach Rotterdam, weil der Stoff dort billiger war. Als er nichts mehr essen konnte und nur noch 50 Kilo wog, schaffte er diese Reisen kräftemäßig nicht mehr. Eine Richterin gab ihm die letzte Chance für eine Therapie, die er leider nicht sofort angenommen hat. Nach einem unglaublichen Leidensweg versucht er nun zurückzufinden zum »normalen« Leben.

Ich habe gelernt, mit meiner Sucht umzugehen und Nein zu sagen. Nein zu Drogen, denn jede Droge, auch Hasch, zerstört das Leben, die Familie und das ganze Umfeld. Ich werde die Eingliederung in das normale Leben auf jeden Fall schaffen, egal, wie schwer es wird. Das bin ich mir und auch allen anderen in meinem Leben schuldig. Denn Drogen sind keine Lösung für Ärger, Stress und auf keinen Fall cool. Ich bin froh, dass ich es geschafft habe, denn jetzt kann ich wieder leben!

Nils wird zu seinen Großeltern ziehen und dort, in einer anderen Stadt, eine Lehre anfangen.

Christoph hat mich gebeten den folgenden Text zu veröffentlichen, damit möglichst viele Gleichaltrige nicht den traurigen Weg gehen müssen, den er schon hinter sich hat. Er lernt den Beruf des Tischlers und geht regelmäßig in eine Selbsthilfegruppe.

Jetzt, wo ich ohne Drogen leben kann, sehe ich das Leben ganz anders. Das Leben ist schön, so, wie es ist, und man braucht seine Probleme nicht hinter einer Droge zu verstecken. Die Droge zeigt dir falsche Träume und du bist so von dir überzeugt, dass du die Welt umarmen könntest. Doch dann, der Tag danach ... Wenn deine Hände zittern, die Schmerzen kommen und du nicht mehr denken kannst, weil du nur das eine brauchst. Was machst du, wenn du keine Drogen mehr hast? Wenn Schmerzen und Kälte durch deinen Körper ziehen und wie nie endende Stromschläge in dein Herz fahren? Dann erkennst du deinen wahren Feind. Nicht das Leben oder die Realität, sondern du selbst bist dein größter Feind.

Lasst mich bloß in Ruhe, wenn ihr schon keine Ahnung habt: Erste Reaktionen

Ich habe diese Erfahrung gemacht und weiß, worüber ich schreibe. Ich habe die Sucht auf mich genommen, um zu vergessen, um die Schmerzen der Vergangenheit in einer Traumwelt zu ersticken. Doch in dem Rausch kam alles ganz anders. Der Tod meiner Freundin, alles was ich erlebt habe, quälte mich noch mehr. Bis ich das begriffen habe, hat es lange gedauert, und als die erste Erkenntnis kam, war es fast zu spät. Die Sucht wollte mich nicht wieder loslassen. Der Kampf hat begonnen und ich habe lange geglaubt, dass ich ihn nicht gewinnen würde.

Doch das Zittern und die Schmerzen haben sich gelohnt, denn jetzt weiß ich, dass auch die Zeit Wunden heilen kann. Ich denke viel zurück an früher, an die Freunde, die unaufhaltsam in ihr eigenes Verderben gelaufen sind. Ich habe vor so vielen Gräbern gestanden und immer wieder gedacht, dass ich hier jetzt vielleicht liegen könnte.

Darum sage ich euch allen, kommt zurück in die Realität und stellt fest, dass man auch ohne Drogen Spaß haben kann. Ich hoffe, dass auch ihr irgendwann sagen könnt, was ich jetzt sage: Dass ihr es geschafft habt, ohne Drogen auszukommen. Dass ihr sagen könnt: Ich habe es geschafft!

Christoph, 17 Jahre

Lilly und Pitt oder der Druck der Gruppe

Ich bin befreundet mit einer Kinderpsychologin aus den Niederlanden, Ria van Heesch. Ich fragte auch sie, warum Jugendliche oft ihre Trauer nicht zeigen wollen.

»Sie haben Angst, dass sie sich bei den anderen lächerlich machen. Sie wollen in ihrer Clique nicht als Blödmann dastehen, als Heulsuse. Das kann so weit gehen, dass der Druck der Clique, immer gut drauf zu sein, denjenigen, der traurig ist, regelrecht zerstört. Die aufgestaute Traurigkeit

Ich habe gerade ziemlich schlimme Tage hinter mir. Ich war auf einer Party, die total aus den Fugen geraten ist. Zum Schluss hatte einer Anfälle (er wollte uns alle abstechen – habe ihm Messer abgenommen), drei Leute (!) wollten sich umbringen, eine hat sich ständig mit Nadeln an den Armen herumgeritzt, und viele von den anderen waren betrunken oder total panisch und hysterisch. Ich und meine Freundin waren die Einzigen, die auch nur versucht haben alles unter Kontrolle zu behalten. Es war schrecklich. Ich war öfter kurz davor, die Polizei zu rufen. Habe stattdessen bei verschiedenen Sorgentelefonen angerufen und ein paar Maßnahmen getroffen. (Mit der einen gehe ich direkt zum Psychologen, ohne Eltern; bei den anderen versuche ich es mit den Eltern zu regeln.) Es war einfach nur Horror. Kann man gar nicht richtig erzählen, so absurd kommt es einem vor.

Katharina, 15 Jahre

explodiert irgendwann und im schlimmsten Fall endet es in einer Selbsttötung.«

Ria hat das schon erlebt. Sie wünscht sich darum ganz dringend einen anderen Umgang mit Leuten, die Probleme haben. Den Druck der Clique findet sie fatal.

»Niemand möchte Leute um sich haben, die schlecht drauf sind, dafür ist kein Platz. ›Mann, stell dich nicht an‹, wird dann gesagt. ›Wir sind doch kein Trauerverein. Nun reiß dich mal zusammen. Lass uns einen draufmachen‹, und so weiter. Demjenigen, der eigentlich traurig sein möchte, wird von der Clique das Gefühl vermittelt: ›Ich soll hier fröhlich sein. Sonst wollen die nichts mehr von mir wissen und haben keinen Bock auf meine Gesellschaft. Okay, bin ich halt fröhlich. Das wollen die hier so. Dann mögen sie mich lieber.‹ Also ist er fröhlich, wie bestellt.«

Wie verheerend die Folgen sein können und wie tief der Gruppendruck die Seele von Menschen beschädigen kann, beschreibt Ria an dem Beispiel von Pitt und Lilly. Pitt hat sich das Leben genommen und danach wurde Lilly von ihrer Clique und vom Dorf, in dem sie wohnt, für schuldig an Pitts Tod erklärt.

Lilly ist mit der Feindseligkeit und den Vorwürfen, mit denen sie konfrontiert wurde, nicht mehr fertig geworden und hat professionelle Hilfe bei Ria gesucht. »Sie zeigt immer noch nicht ihre ganze Trauer«, sagt Ria, »und das liegt an den Schuldgefühlen, die ihr aufgedrückt wurden.«

Hier die Geschichte der beiden: Lilly ist 16. Vor zwei Jahren lernte sie in ihrer Clique den 18-jährigen Pitt kennen. Es war Liebe auf den ersten Blick. Sie blieben zusammen, schliefen auch miteinander. Doch Lilly störte sich immer mehr daran, dass Pitt zu viel trank. Zum Schluss oft bis zum Umfallen. Leider wurde er dann aggressiv, auch gegenüber Lilly. Beim letzten Karnevalsfest wurde Pitt ausfallend und sogar gewalttätig. Lilly machte Schluss mit ihm, sie mochte sich nicht länger gefallen lassen, dass er sie so schlecht behandelte. Im Mai traf sich die ganze Clique auf einem Straßenfest wieder. Pitt wollte, dass Lilly wieder seine Freundin würde. Sie weigerte sich und ging nach Hause. In derselben

Nacht fuhr Pitt zwischen drei und fünf Uhr morgens mit aufheulendem Motor und kreischenden Reifen vor Lillys Elternhaus hin und her. Schließlich herrschte Lillys Vater Pitt an, dass er seine Wut woanders austoben sollte. Pitt fuhr tatsächlich weg. Gegen sechs Uhr stellte er seinen Wagen auf die Gleise eines unbewachten Bahnübergangs und wurde von einem Nahverkehrszug überrollt. Er war auf der Stelle tot. Pitt hatte alles sorgfältig vorbereitet, denn in seinem Zimmer fand man einen kleinen gelben Notizblock. Seite für Seite hatte er sich von Familie und Freunden verabschiedet. Auch von Lilly. Doch seine Eltern weigerten sich, ihr diese letzten Zeilen zu geben. Lilly sollte bestraft werden, fanden sie. Deshalb bekam sie Pitts Abschiedsworte nicht. Eigentlich möchte Lilly wieder ein normales Leben führen. Aber: Es quält sie die Frage, ob sie wirklich Schuld hat an Pitts Tod. Das Dorf hat längst entschieden: Ja. Die Leute zeigen mit dem Finger auf sie und schneiden sie. Denn *sie* hat Schluss gemacht und nicht Pitt. Lilly trägt nicht nur eine große Trauer in sich, sondern auch eine unvorstellbare Wut. Diese Wut kann sie nicht rauslassen, weil Pitt tot ist. Alleine kommt sie aus dieser schlimmen Lage nicht mehr heraus. Sie braucht Hilfe.

NUR EINMAL

Lachen
nur einmal, in einer Zeit
in der die Augen nicht mitlachen

Weinen
nur einmal, in einer Zeit
in der ich vor Hass schon ganz blind bin

Entspannen
nur einmal, in einer Zeit
in der Träume farblos sind

Vertrauen
nur einmal, in einer Zeit
in der ich falle,
ohne aufgefangen zu werden

Unvernunft
nur einmal, in einer Zeit
in der Realität Gefühlen ein Ende macht

nur einmal ...
damit mein Leben weitergeht.

Tobias, 22 Jahre

Lasst mich bloß in Ruhe, wenn ihr schon keine Ahnung habt: Erste Reaktionen

73

Das Wagnis, in die Tiefe zu gehen

Vielleicht schaffe ich es doch, meine Trauer, die so ozeantief in mir drin ist, hochkommen zu lassen. Irgendwann werde ich es schaffen. Ich möchte und ich will, ja ich muss! Ich schreibe Tagebuch oder Briefe an Freunde oder einfach an Menschen, von denen ich hoffe, dass sie mich verstehen. Ich möchte es endlich jemandem erzählen, es ist bestimmt besser für mich, auch wenn es furchtbar wehtut. Ich muss durch diesen Schmerz durch. Ich werde es schaffen, über das, was mir so wehtut, zu schreiben, zu sprechen oder zu erzählen! Ich werde mich trauen!

Dorothee und Barbara: Nach außen hin lebte ich fröhlich weiter

Dorothee nahm an einem Trauerseminar für Jugendliche teil, denen eine Schwester oder ein Bruder gestorben ist. Sie wagte aufzuschreiben, was sie schon lange mit sich herumtrug. Aus mehreren dicht beschriebenen Seiten wählten wir gemeinsam das Folgende aus:

Als meine einzige Schwester vor dreieinhalb Jahren starb, war ich elf Jahre alt und ging auf die Orientierungsstufe in die 5. Klasse. Barbara war schon in der 7. Klasse auf dem Gymnasium, zu dem sie jeden Tag mit ihrer Freundin per Fahrrad fuhr.

Meine Mutter und ich warteten zu Hause mit dem Essen auf Barbara, als plötzlich das Telefon klingelte. Ich ging ran und hörte eine aufgeregte Stimme, die mir zwar bekannt vorkam, die ich aber nicht erkannte. Es war die Mutter von Barbaras Freundin, die uns mitteilte, dass Barbara einen Unfall gehabt hatte. Obwohl wir nicht wussten, wie verletzt Barbara war, habe ich mich auf die Treppe gesetzt und geschluchzt: »Barbara darf nicht sterben!« Am Unfallort blieb ich im Auto sitzen, Mama ging zu Barbara, die vom Notarzt versorgt wurde. Meine Schwester wurde ins Krankenhaus geflogen. Meine Eltern und ich waren später bei Barbara auf der Intensivstation. Barbara hatte am ganzen Körper Knochenbrüche, einen Schädelbasisbruch und vor allem starke Gehirnprellungen, die nicht aufhörten anzuschwellen. Dadurch starben immer mehr Gehirnzellen ab. Sie war im Koma. Wäre Barbara aus ihrem Koma erwacht, wäre sie ein schwerstbehinderter Pflegefall geworden.

Unzählige Kinder und Jugendliche sterben Tag für Tag durch Unfälle, nach langen Krankheiten, durch Ärztefehler, weil sie zu früh geboren werden oder sich das Leben nehmen. Zurück bleiben Eltern und verwaiste Geschwister, die völlig unterschiedlich trauern über das Unfassbare. Wie sieht es in diesen Geschwistern wirklich aus? Was empfinden Jugendliche, deren Eltern, Freund oder Freundin sterben? Wie werden sie fertig mit dem Tod ihres geliebten Tieres? Sich Wut, Trauer und Verzweiflung von der Seele schreiben, aber auch Hoffnung zum Ausdruck bringen, das versuchten alle, die an diesem Buch mitwirkten.

Es folgten elf schreckliche Tage, in denen ich zwischen Hoffnung und Verzweiflung hin und her gerissen war. Ich ging bald wieder zur Schule, weil ich die Leere zu Hause nicht mehr aushielt. Doch in der Schule wurde ich Situationen ausgesetzt, denen ich nicht gewachsen war. Lachte ich mal, waren die anderen erschrocken, und wenn ich weinte, wussten sie auch nicht, was sie tun sollten. Mehr als ein Mal wurde ich gefragt, ob es stimmte, dass die Ärzte die Geräte abgestellt hatten. Ich bemerkte die Blicke der anderen und wusste oft nicht, wie ich mich verhalten sollte.

Ich fuhr, wie jedes Jahr an Pfingsten, ins Zeltlager. Jetzt ohne meine Schwester. Eine Freundin kam mit. Barbara starb am Pfingstsonntag. Ich nahm die Nachricht von ihrem Tod erstaunlicherweise gelassen auf, wohl, weil ich damit gerechnet hatte, vielleicht aber auch, weil ich mir nicht vorstellen konnte, was das bedeutete. Jetzt hörte ich ab und zu mitten im Lachen auf und fühlte mich schuldig, weil ich fröhlich sein konnte und Spaß hatte, während Barbara das nicht mehr konnte. Ich wollte gar nicht nach Hause in die Leere und Trauer.

76

Das Wagnis, in die Tiefe zu gehen

In der Schule erlebte ich eine enttäuschende Überraschung: Meine besten Freundinnen wussten nicht, was sie sagen sollten, und ignorierten mich einfach. Andere dagegen, mit denen ich nichts zu tun hatte, umarmten mich einfach oder gaben mir die Hand. Zum ersten Mal fühlte ich mich einsam und im Stich gelassen, von meinen Freunden und von meiner Schwester. Meine Freunde konnten nicht verstehen, dass ich nach einiger Zeit immer noch traurig war. Ich kapselte mich deshalb mit meinen Gefühlen immer mehr ab, weil ich dachte, die anderen würden mich sowieso nicht verstehen. Für mich unverständlich war auch, dass meine Freunde schräg guckten, wenn ich mal weinte. Sie sagten dann: »Komm, das ist jetzt alles schon so lange her. Das Leben geht doch weiter!«

Nach außen hin lebte ich von da an meistens fröhlich weiter. Erst ein ganzes Jahr nach Barbaras Tod merkte ich, dass alles nur Schwindel, eine schützende Mauer war. Sie schützte mich vor meinen Freunden, vor meinen Eltern, vor meiner Trauer, meinen Gefühlen und mir selbst.

Ich fuhr zu Pfingsten wieder ins Zeltlager, ohne meine Freundin. Dort brach eines Abends bei einer Meditation alles in mir zusammen. Einem Betreuer konnte ich alles erzählen.

Endlich konnte ich wieder weinen! Ich hatte seit fast einem Jahr nicht mehr geweint und es tat mir richtig gut. Ich fühlte mich plötzlich so leer, so unsicher und vor allem so nackt. Ein Jahr lang hatte ich meine Gefühle, meine Trauer, meine Ängste vor mir versteckt und nach außen hin die Starke, die Tapfere gespielt. Und dann, von dem einen auf den anderen Moment, brach alles zusammen. Ich war so verletzbar und hatte ganz losgelassen, mein wirkliches Ich gezeigt. Manchmal verspüre ich den Wunsch nach Geschwistern so stark, dass es richtig wehtut. Ich glaube, es wäre alles einfacher, wenn ich noch Geschwister hätte.«

Dorothee, 15 Jahre

Das Wagnis, in die Tiefe zu gehen

Ich würde ihm gern mein Leben schenken

Katharinas Platz ist heute leer. Vielleicht kommt sie später. Doch nach der dritten Stunde ahnen ein paar Klassenkameraden, dass etwas nicht stimmt. Ob ihr kleiner Bruder, der vor vier Wochen mit einem schweren Herzfehler geboren wurde, die letzte Operation nicht überstanden hat? Keiner mag etwas sagen oder fragen. Auch der Klassenlehrer schweigt.

An dem Tag kommt Katharina nicht mehr. Als sie wieder an ihrem Platz sitzt, wirkt sie völlig verändert.

Katharina ist zu diesem Zeitpunkt vierzehn Jahre alt. In ihrem Tagebuch erzählt sie von ihrem kleinen Bruder. Die Ärzte haben schon bei dem Ungeborenen einen schweren Herzfehler festgestellt. Seine Überlebenschance ist sehr gering.

Anfang November.

Jaja, so spielt das Leben. Meine Mutter ist schwanger und das Baby schwer krank. Noch 47 Tage zum Geburtstermin. Es *muss* es schaffen. Wenn es stirbt: Etwas Schlimmeres kann nicht mehr passieren. Der kleine Anton. So nennen wir ihn. Warum Anton? Am Anfang war auf dem Ultraschallbild nur ein Punkt zu sehen, da hieß es Pünktchen. Und wegen *Pünktchen und Anton* kamen wir dann, als es größer als ein Punkt war, auf die Idee, es Anton zu nennen.

Leben oder Tod.

Die Lebenserwartung von meinem kleinen Bruder ist nicht sehr hoch. Noch 38 Tage zum Geburtstermin. Mama hat schon ziemlich Wehen, das Baby ist tiefer gerutscht. Verdammter Mist! Es darf keine Frühgeburt geben, die Lunge bildet sich erst später aus, und weil seine sowieso viel zu klein ist, muss es so lange wie möglich im Bauch bleiben!

Eigentlich ist das Einzige, was ich mir wünsche, dass es ihm gut geht.

Er soll dreimal operiert werden. Drei Operationen ... Die Ärzte sagen, dass früher oder später sowieso eine Herztransplantation gemacht werden muss. Wenn ich vor 14 Jahren so krank gewesen wäre, hätte es noch überhaupt keine Operationsmöglichkeiten gegeben. Das arme Baby. Es darf nicht sterben, das überlebe ich nicht. Ich war heute zeitweise richtig sauer darauf, dass ich so gesund bin. Das klingt jetzt komisch, aber warum habe ich nichts, warum geht es mir so verdammt gut? Warum geht es mir so wahnsinnig gut, dass es schon wieder fast wehtut? Aber so etwas kann niemand verstehen. Ich wäre gern krank, um mit meinem kleinen Bruder seine Krankheit zu teilen. Das wäre fair. Warum muss es ausgerechnet dem Kleinen so schlecht gehen? Ich wäre so gern an seiner Stelle! Ich habe genug erlebt, schon 14,5 Jahre gelebt. Ich würde ihm gern mein Leben schenken. Sterben für ihn, damit er leben kann. Mein Herz schenken. Meins ist aber zu groß. Das Herz eines Säuglings ist gerade mal so groß wie eine Walnuss. Anton ist doch noch so unschuldig, hat noch nichts erlebt. Ich bin fertig. Bereit. Einverstanden. Aber ich darf nicht. *Warum?*

Scheiße scheiße scheiße scheiße scheiße scheiße scheiße scheiße. Gute Nacht.

Jetzt ist Mama schon über dem Termin und der kleine Kerl hat sich bis auf die heiße Wehennacht noch nicht angemeldet. Ich darf bei der Geburt nicht dabei sein. Würde sie normal verlaufen, hätten sie eine Ausnahme gemacht. Ich habe es mir so gewünscht.

5 Tage über dem Termin. Langsam kann ich es nicht mehr abwarten. Ich würde ihn so gern sehen. Ich kann nur beten.

Das Wagnis, in die Tiefe zu gehen

Beten, dass der liebe Gott Erbarmen mit ihm hat. Mit meinem Bruder, den ich jetzt schon liebe wie was weiß ich was. Seinen Tod würde ich nicht verkraften. Ich denke, dann wäre noch nicht mal mein Vater stark genug, um meiner Mutter Kraft zu geben. Nicht hängen lassen, Tini, du wirst gebraucht. Niemandem ist geholfen, wenn ich jetzt trauere und mich von der Außenwelt abschließe, es gibt schließlich noch ein anderes Leben. Und das muss jetzt gelebt werden, knallhart. Kein Pardon. Für mich, für meine Eltern und Geschwister und letztendlich auch für meinen kleinen Bruder. Trotz allem gibt es auch noch Gefühle der Freude, der Freude auf das Baby. Der wahnsinnigen, riesigen Freude. Gefühle, die mich oft die anderen, traurigen Gefühle vergessen lassen. Beide sind wichtig und mit beiden muss ich klarkommen.

Alles ist gut, wie es kommt. Es hat alles einen Sinn, auch wenn wir ihn nicht klar erkennen können, es gibt ihn. Er gibt uns Kraft zum Weiterleben.

Halleluja, er ist da! Um 1.30 Uhr hat mich Papa aus dem Krankenhaus angerufen. Es ist alles ganz schnell gegangen. Bis jetzt wäre alles okay. Ich bilde mir sogar ein, ich hätte im Hintergrund ein Baby schreien gehört, meinen Bruder! Ich bin so happy und glücklich! Ich bin sofort vor Freude schreiend durchs Haus gerannt und habe meine kleinen Schwestern geweckt. Das Telefon steht neben meinem Bett. Hoffentlich ruft Papa noch mal an. Wie es Mama jetzt wohl geht? Hoffentlich gut. Am liebsten würde ich die ganze Welt wecken. Papa, melde dich!!! Wie geht es ihm? Was sagen die Untersuchungen? Vielleicht ruft er nur nicht an, weil etwas Schlimmes herausgekommen ist? Call me please, ich werde verrückt!!! Schon 2.00 Uhr. Scheiße, Kacke, geil, Wahnsinn, Gefühlschaos! Schluss jetzt, ich bin total aufgedreht! Bye bye!

52 cm groß, 3440 Gramm schwer, kräftig. Ich war heute bei ihm. Wir haben ihn getauft. Er heißt Sebastian, aber wir sagen immer noch Anton zu ihm. Er liegt da, total verkabelt, mit einer grünen Hand von den ganzen Stichen, und schläft. Ich habe ihn nur einmal kurz berührt (Kreuzzeichen), konnte ihm noch nicht mal einen Kuss geben. Ich habe ihn schrecklich lieb. Morgen wird er zum ersten Mal operiert und dann dürfen wir vielleicht in vier Wochen wieder zu ihm. Ich habe wahnsinnige Angst um ihn. Ich liebe ihn. Ich habe wahnsinnige Angst um ihn. Er liegt da nur in Pampers. Klein und hilflos. Der Arme.

Meinem Bruder geht es wieder schlechter. Ich weiß nicht, wie lange das noch so weitergehen soll. Er muss es jetzt einfach schaffen!

Wieder ist eine Woche vergangen. Scheiß Tag heute. Alles fing damit an, dass Anton etwas am Bauch hatte. Man wusste nicht, was und wie schlimm. Mir ging es total beschissen, ich war total gefrustet. Weil er doch gerade so stabil war – und dann so was ... Wieder eine Operation. Auf der Fahrt zum Ballett habe ich geheult wie noch nie. So richtig mit stockendem Atem (wortwörtlich). Jetzt ist er operiert. Muss um die sieben Stunden gedauert haben.
Der Tod ist überall, erbarmungslos. Heute habe ich mich mit meiner Hoffnung an einen Stern geklammert. Es war der erste, der am Himmel stand, als es noch hell war. Er war sozusagen mein Hoffnungsschimmer, Antons Hoffnungsstern. Er wurde nie ganz von Wolken verdeckt, er kam immer wieder zum Vorschein. Und so soll Antons Leben sein: unbesiegbar.

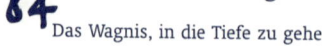

Gestern habe ich in der Schule die beste Arbeit in Deutsch geschrieben. Die beste Arbeit. Die Lehrerin hat mich gefragt, ob ich mich nicht freue. Es war mir scheißegal. Nebensache. Aber so etwas merkt man erst, wenn man es selbst erlebt hat. Wenn man mit ganzem Leib gezittert und geweint hat oder selbst dazu zu schwach war. Was sind Probleme? Inzwischen habe ich eine völlig andere Einstellung dazu.

●

Drei Tage später. Er lebt noch. Schlicht und einfach. Punkt. Da fällt mir ein Punkt vom Herzen. Ein Doppelpunkt.

●

Anfang Februar.
Ich weiß gar nicht, wo ich anfangen soll.
Scheiße, scheiße, scheiße.
Ein Teil von Antons Gehirn ist tot, ein Blutgerinnsel, Folge eines Herzinfarkts bei der OP, die ja in sich eine Folge ist von dem Schlauch, den sie ihm in den Bauch gelegt haben. Das wurde noch bei keinem Baby vorher gemacht. Nur bei ihm. Unoperierbar. Ergebnis: Er wird behindert sein. Wie schwer, das kann man erst sagen, wenn er von allen Geräten weg ist. Vielleicht auch blind. Ich könnte überschnappen. Ein Fehler, und das ganze Leben behindert. Aber es gibt noch andere Folgen. Er hat hohes Fieber, das nicht runtergeht. Ihm geht es scheiße, er hat keinen Bock mehr und wir wis-

Es HILFT GAR NICHTS

Das Kissen
sehnt sich nach deinem Geruch
Der Stoffbär
vermisst deine Streicheleinheiten
Der Spiegel
sucht dein Gesicht
Der Türklinke
fehlt der sanfte Druck deiner Hände
Die Wände
wollen deine Stimme wieder hören
Mein ganzes Zimmer
wartet auf dich
Und es hilft gar nichts
dass ich weiß
dass du nicht zurückkommst

Sarah, 19 Jahre

sen nicht, ob er es packt. Alles wegen eines einzigen, blöden Fehlers. Aber ich muss nach vorne denken, Hauptsache, er packt es, er überlebt. Ich glaube nicht, das er jetzt noch eine OP verkraften würde. Entweder er packt es oder er gibt auf. Mein Bruder Sebastian.

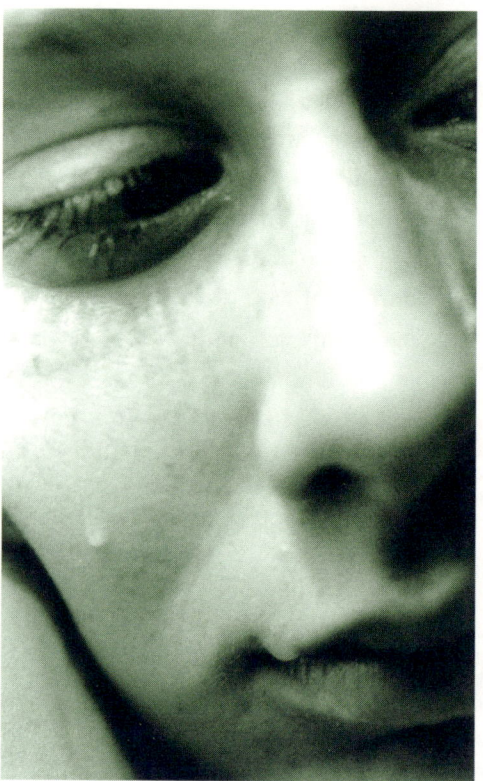

Am nächsten Tag.
Heute ist alles anders. Er wird sterben. Es gibt keine Hoffnung mehr. Es ist vorbei. Es ist nur noch eine Frage der Zeit. Es liegt an einer Entzündung.
Wir sind ins Krankenhaus gefahren. Er sieht noch viel süßer aus als bei der Taufe. Es ist unvorstellbar, dass er sterben muss. Alle, die sagen, dass es für Sebastian besser so ist, haben noch nie gesehen, wie eine Mutter leidet, und wie schrecklich es ist, ein quietschlebendiges Kind zu verabschieden. Sie würden so was nie mehr sagen. Ich schaffe das nicht! Auf den Tod warten, das ist das Schlimmste, was es gibt, vor allem wenn du weißt, es hätte nicht sein müssen. Das kleine Baby, gerade einen Monat alt, hat bisher nur die schrecklichste Seite der Welt kennen gelernt und muss sterben. Das ist so ungerecht! Jeder muss doch ein Recht auf Leben haben. Manche werden 100 Jahre, und er???

TOD TOD TOD TOD, TOT TOT TOT TOT TOT! Und dann kommt die Frage: WARUM?

Sebastians Todestag.
Jetzt ist er tot. Einfach tot. Mein Bruder. Mein kleiner Bruder. Unser Baby. Tot. Ich kann mich nicht damit abfinden. Niemals. So ein kleines Wesen, 1 Monat alt. Ich habe schon über hundert Mal so lang gelebt wie er. Das muss man sich mal vorstellen! Und schon muss er sterben. Heute Mittag ist es passiert. Meine Eltern haben ihn die ganze Zeit im Arm gehalten. Dann setzte sein Herz aus und er hörte auf zu atmen. Wir wussten ja schon alle, dass es so kommt und nicht zu verhindern war. Und trotzdem war es so schrecklich. Erst wurden die Geräte abgeschaltet und von ihm entfernt. Meine Eltern haben ihn dann richtig gewaschen und eingecremt, einen Body angezogen, den Strampelanzug, den wir geschenkt bekommen haben und die Schuhe, das Wichtigste. Die Schuhe, die ich ihm vom Schüleraustausch aus Frankreich mitgebracht hatte. Jetzt liegt er da, friedlich auf einem Kissen – tot. Meine Eltern waren noch mal da, sie sagen, er sieht total lebendig aus.
Und Sebastian? Der gehört fest zu unserer Familie, wie jeder andere auch. Nur dass er nicht mehr hier ist. Sebastian, wir lieben dich. Vergiss uns niemals, auch wir werden dich nie vergessen können. Wir hatten nicht viel Zeit zusammen, aber wir sind froh, dass wir dich hatten und dass du friedlich eingeschlafen bist. Du bist unser Baby, unser Schatz, das Größte, was wir haben. Egal, wo du jetzt bist, wir haben dich ganz doll lieb. Vergiss das nie. Ein ganz dicker Kuss von deiner großen Schwester Katharina!

Heute wäre Sören
14 geworden

Noch Jahre nach dem Tod ihres Bruders Sören ist das Thema für Marieke nicht abgeschlossen. In ihrem Tagebuch schreibt sie immer wieder darüber.

Heute

Am 8. Juli ist Sörens Geburtstag und gleichzeitig war es auch der Tag seiner Beerdigung. Er wäre jetzt 14 geworden. Wie er nun wohl wäre, so mitten in der Pubertät? Ich glaube, er wäre nicht so wie die anderen Jungs in seinem Alter. Oder sage ich das nur, weil ich seine Schwester bin? Sören war schon immer verträumter, mochte die Natur genauso gerne wie ich. Noch immer empfinde ich es als Ungerechtigkeit, dass ausgerechnet er sterben musste. In solchen Augenblicken fehlen mir die Worte, um auszudrücken, was ich wirklich fühle.

Manchmal denke ich, dass ich ohne Sören nie mehr richtig glücklich sein kann, dass das Leben ohne ihn keinen Sinn mehr hat! Ich sehne mich nach Liebe und Geborgenheit!

Heute ist ein ganz besonderer Tag, nämlich Sörens Todestag. Heute habe ich die meiste Zeit des Tages in der Schule verbracht. Um 15.30 Uhr etwa war ich zu Hause. Und etwa um diese Uhrzeit vor vier Jahren kam mein Vater in einem höllischen Tempo mit dem Auto von der Sandkuhle zurück – weinend, schreiend, voller Verzweiflung. Mit verzerrtem Gesicht ist er aus dem Auto gestolpert, sein Blick war voller schauderhaftem Entsetzen, voller abgrundtiefer Hoffnungslosigkeit ... viel tiefer noch als der Abgrund in der Sandkuhle. Noch immer spüre ich den Schmerz, wenn ich daran zurückdenke – besonders heute, denn heute vor genau vier Jahren hörte Sörens Herz auf zu schlagen. Begreifen werde ich das, glaube ich, nie ... In manchen Momenten spüre ich eine solch starke Sehnsucht nach ihm, möchte so gerne mit ihm sprechen. Es gibt aber Tage, an denen ich gar nicht an ihn denke, weil beispielsweise die Schule einen Großteil meiner Gedanken beansprucht, ob ich nun will oder nicht.

Ich habe Hemmungen, an sein Grab zu gehen. Ich gehe wirklich sehr ungern dorthin und habe überhaupt nicht das Gefühl, Sören dort irgendwie näher zu sein. Teilweise habe ich eigentlich das Gefühl, ihm an jedem beliebigen anderen Ort näher zu sein, weil der Friedhof mich ja ausschließlich mit meinem *toten* Bruder in Verbindung bringt, nie mit meinem *lebenden* Bruder. Das ist ganz anders an dem Ort, an dem ich jetzt bin, in der Natur. Ich habe ein sonniges Plätzchen gesucht und hier schreibe ich. Hier bin ich ganz allein.

Es ist nicht meine Schuld!

Nelly hat sich lange Zeit schuldig gefühlt am Tod ihrer Schwester. Das ist ihr selbst erst nach und nach klar geworden, weil sie sich immer wieder mit ihren Gefühlen in dem Zusammenhang beschäftigt hat. Jetzt, mit neunzehn Jahren, hat sie einen Entwicklungsbogen geschrieben über ihre Schuldgefühle.

5 Jahre

Meine 15 Monate jüngere Schwester ist doll krank. Ihr geht es schlecht. Was soll der Schlauch in der Nase? Diese und andere Fragen treten auf. Irgendwann liegt sie nur noch im Bett. Sie schläft sehr viel. Sie hat viele Sonderrollen und Extrawürste, das ärgert mich manchmal oder macht mich eifersüchtig und neidisch, aber ich versuche es zu verstehen. Letzter Gedanke an sie: »Nelly, gib Kirstin mal einen (Abschieds-?)Gutenachtkuss.«

Ich klettere zu ihr ins Bett und gebe ihr den Kuss.

6 / 7 Jahre

Erste Schuldgefühle: Ich begreife langsam, dass Kirstin gestorben ist, und denke, dass ich sie beim Fangenspielen einmal zu doll gejagt habe, so dass sie gegen den Schrank gelaufen ist. Ich glaube, dass dadurch der Tumor in ihrem Kopf hervorgerufen wurde, denn plötzlich wird mir wieder klar, wie furchtbar sie da geweint hatte. (Ich weine nicht, als mir der Verlust klar wird!) Diese Schuldtheorie erzähle ich dem Vater von meiner Freundin u. a. (Wenn ich sie besser behandelt hätte, dann ...)

7 / 8 Jahre

Trauerwochenende: Mir ist überhaupt nicht klar, dass dieses Familienwochenende wegen Kirstins Tod ist. Ich kann mich nur an die Zeit in den Spielgruppen für verwaiste Geschwister erinnern, denn dort habe ich mich sehr unwohl gefühlt, weil ich meine Eltern vermisst habe.

8 / 9 Jahre

Ich gucke mir ein Fotoalbum mit Fotos von und mit Kirstin an. Plötzlich wird mir das erste Mal wirklich bewusst, dass sie tot ist. Ich weine (nur für mich) und bei mir kommen Fragen auf, über die ich mir viele Gedanken mache: Was wäre, wenn Kirstin noch da wäre? Hätten wir überhaupt Platz für sie? Wo, in welchem Bett hätte sie zum Beispiel geschlafen?

11 / 12 Jahre

Trauerseminar: Ich habe keine Angst mehr in den Arbeitsgruppen, alleine ohne Eltern.
In meiner Gruppe malen wir viel. Aufgabe: Male deine Familie mit deiner verstorbenen Schwester. Mir wird bewusst, dass ich an dem Seminar wegen Kirstin teilnehme.

16 Jahre

Trauerseminar: Ich bin in einer Gruppe mit vielen anderen

Jugendlichen und spreche das erste Mal mit anderen richtig über das, was mir widerfahren ist. Ich mache die Erfahrung, dass es auch andere Leute in meinem Alter gibt, die Ähnliches erlebt haben, die mich und meine Gedanken und Gefühle diesbezüglich also viel eher verstehen. (Gegenseitiger Gedankenaustausch, Gespräche, Meditationen, Gedanken an verstorbene Geschwister und der Beginn der Freundschaft mit Marieke.)

18 Jahre = jetzt

Ich habe keine Schuldgefühle mehr, denn ich weiß, dass es für Kirstin keine Heilung mehr gab und mich keine Schuld trifft. Im Mai erkrankt ein Klassenkamerad/Freund von mir an Krebs. Ich suche das Gespräch mit ihm, besuche ihn im Krankenhaus, schreibe ihm Briefe und schaffe es sogar, ihm von meinen Ängsten zu erzählen, die ich hatte, als ich erfuhr, dass er Krebs hat, weil ich eine Person verloren habe, die auch Krebs hatte. Daraufhin vertraut er mir etwas an, was mir zeigt, dass sich meine Gedanken um ihn gelohnt haben! Durch das, was mir widerfahren ist, kann ich also viel intensiver nachvollziehen, wie er sich fühlt, was es bedeutet, Krebs und den Tod vor Augen zu haben. Im Gegensatz zu vielen anderen kann ich offen darüber sprechen.

Ich spreche jetzt ohne Scheu über den Verlust meiner Schwester – am intensivsten mit Leuten, denen Ähnliches passiert ist, zum Beispiel Marieke.
Mir wird bewusst, dass ich auch jetzt, 13 Jahre später, sehr damit zu tun habe. Ich denke oft an die Erlebnisse mit meiner Schwester und die Erinnerungen an sie und weiß, wie sehr mich dieser Verlust beschäftigt, auch wenn ich damals erst fünf Jahre alt war.
Mir wird klar: Trauer dauert lange!!

Das Wagnis, in die Tiefe zu gehen

Er hat so eine Antihaltung

Ein Klassenkamerad von Nelly ist an Krebs erkrankt. Sie selbst hat das sehr beschäftigt, darum wollte sie wissen, wie die anderen in ihrer Schule darauf reagieren. Sie fragte Anne aus ihrer Klasse.

Anne und ich haben uns letzte Woche getroffen und da habe ich sie gefragt, wie es ihr damit geht, dass Victor so krank ist. Sie antwortete in etwa so:
»Plötzlich habe ich gedacht, dass auch Leute in meinem Alter Krebs bekommen können, das heißt, dass es mich auch direkt betrifft, dass dasselbe mit mir passieren könnte.«
Was mich selbst im Zusammenhang mit Victor oft beschäftigt hat, ist, dass er keine Chemotherapie machen lassen wollte (anfangs zumindest) und im Prinzip alles getan hat, was die Ärzte ihm verboten haben, d. h., er hat Fleisch gegessen, Alkohol getrunken und so weiter. Als ich meine Freundin nun gefragt habe, ob sie sich nach der Nachricht, dass er Krebs hat, viele Sorgen um ihn gemacht hat, meinte sie: *»Er hat keine Chemotherapie machen lassen wollen und so viele Sachen getan, die er nicht tun sollte. Darum habe ich mir gedacht, dass ich mir nicht groß Sorgen oder Gedanken um ihn machen muss – wenn er so eine Anti-Haltung aufweist, d. h. einer schnellen Heilung selbst im Weg steht.«*
Sowohl ihre erste als auch ihre zweite Antwort finde ich nachvollziehbar, aber trotzdem hätte ich anders geantwortet. Natürlich habe ich auch die Sachen im Hinterkopf gehabt, die Victor gemacht hat und die seiner Heilung absolut nicht förderlich sind. Doch ich habe mir gedacht, dass er das vielleicht aus Verzweiflung oder Hilflosigkeit tut oder weil er Aufmerksamkeit auf sich lenken will?
Ich habe bei Krebs eigentlich immer fast sofort den Tod vor Augen. Ich weiß nicht, ob das bei ihm ähnlich war, aber wenn ja, sind dann seine Reaktionen doch irgendwie ver-

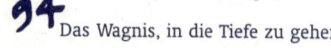

ständlich. Tja, und ich habe oft gedacht, dass viele Leute sich gar nicht so bewusst sind, dass bei Krebs oft der Tod die Folge ist. Und das hat mich beschäftigt, weil ich mir überlegt habe, wie ich selbst wohl damit umgehen würde.

Manchmal frage ich mich, wie ich wohl über das Thema Trauer denken würde, wenn ich keine Schwester verloren hätte. Wenn man seine Oma oder seinen Opa verliert, dann kann das, je nachdem wie eng das Verhältnis war, auch sehr

traurig sein. Irgendwie hat man aber im Hinterkopf, dass diese Person schon alt war und wahrscheinlich einfach das Ende ihres Lebens erreicht hat. Wenn dagegen eine Person stirbt, die noch sehr jung war, wird einem zum ersten Mal richtig vor Augen geführt, dass der Tod in jedem Alter auftreten kann. So war das auf jeden Fall bei mir. Das heißt, das Thema Tod ist irgendwie präsenter, denn man bringt es nicht nur mit alten Leuten in Verbindung. Als meine Uroma mit 94 Jahren starb, konnte ich damit ohne Probleme umgehen, denn ich hatte das Gefühl, dass für sie durchaus der Moment des Sterbens gekommen und angebracht war. Ich glaube, wenn ich nur solche Erfahrungen mit dem Tod gemacht hätte, würde ich mir über das Thema Tod nicht so viele Gedanken machen.

Ich hasse dich

Christianes Bruder tötete sich selbst auf schockierende Weise. Am dritten Tag eines Familienseminars entschloss sie sich ihren verstorbenen Bruder endlich einmal total fertig zu machen. Und zwar auf Papier. Sie hat mehrere Stifte abgebrochen, Löcher in die Papierbögen gebohrt, bis sie ihn schließlich mit wüster Handschrift beschimpfte, anpöbelte, in Gedanken anschrie, ihm sagte, er sei der letzte Dreck, weil er so abgehauen ist. Sie hat ihn auch gefragt, warum er so feige gewesen ist und sie, die Schwester, ohne Abschied zurückgelassen hat. Später erzählte sie mir, wie gut sie sich fühlte nach diesem Ausbruch. Christiane brauchte sehr viel Mut und Kraft, um ihre Wut so zu formulieren:

Ich hasse dich! Feiges Schwein! Ich wünsche dir, dass du für immer in der Hölle brätst!
Dass du genauso unglücklich bist wie ich, und das für immer und ewig! Du kotzt mich einfach nur noch an mit deinem Egoismus. Wenn ich dich noch mal treffe, dann hau ich dir richtig eine in die Fresse! Ich wünsche dir die Pest an den Hals! Und das Schlimmste auf dieser Welt oder auf der, auf der du jetzt bist! Wie soll ich denn jemals wieder jemanden an mich ranlassen, wenn ich so enttäuscht wurde! Was habe ich dir getan? Ich hasse dich!

Christiane ist in psychologischer Behandlung. Ich habe ihr empfohlen den Text, der hier nur in Auszügen wiedergegeben ist, mitzunehmen und ihrer Psychologin zu zeigen. Christiane hat mir erlaubt ihren Text zu fotokopieren und auch vorzulesen, weil er Mut machen soll, das verstorbene

Geschwisterkind nicht immer nur mit Heiligenschein darzustellen, sondern sich auch mal zu erlauben auszurasten, weil der Bruder oder die Schwester »abgehauen« ist.

Hier darf ich endlich weinen: Trauerseminare

Mein Neffe starb mit siebzehn Jahren völlig unerwartet an einem seltenen Virus, der zum sofortigen Herzstillstand führte. Er war vorher nie krank gewesen und Sportler durch und durch. Meine Mutter, die ihn geliebt hatte wie ihr eigenes Kind, hat diesen plötzlichen Tod nie überwunden. Sie wohnte inzwischen ganz allein, alle zehn Kinder waren ausgezogen und Marcel hatte sie fast jeden Tag besucht. Er war ihr liebster Freund gewesen. Auch mein Mann und ich haben ihn sehr geliebt.

Um mich herum starben Freunde und Freundinnen, ich musste endlich zulassen, dass der Tod jetzt öfter in mein Leben eindringen würde. Ich musste ihm in die Augen sehen. Es blieb mir nichts anderes übrig. Ich konnte mich nicht mehr verstecken. Meine Trauer war stark, nur wusste ich nicht, wie ich damit umgehen sollte. Eine Freundin schenkte mir ein Buch von Elisabeth Kübler-Ross mit dem Titel *Über den Tod und das Leben danach*. Als ich das Buch ausgelesen hatte, konnte ich endlich weinen. Ich weinte so hef-

OHNE DICH

Die Sonne
Ist ohne Wärme
Der Regenbogen schwarzweiß
Der Mond hat keine Anziehungskraft
Das Meer keine Wellen
Die Wiesen
Sind ohne Blumen
Die Vögel
Singen nicht mehr
Ohne dich
Ist die Welt für mich nur grau in grau
Und ich brauche doch Farben

Tobias, 22 Jahre

97

tig wie selten in meinem Leben zuvor. Ich wusste, dass ich meinem Neffen Marcel, meinem verstorbenen Vater und all den toten Freunden gegenüber keine Schuldgefühle haben brauchte, weil mir die Auseinandersetzung mit ihrem Tod so schwer fiel. Ich wusste bis dahin einfach zu wenig über Sterben, Tod und Trauer. Ich nahm mir vor, das zu ändern. Als meine Mutter an Krebs erkrankte, konnte ich neben ihrem Bett sitzen und mit ihr über den Tod sprechen. Und einige meiner Geschwister auch. Sie waren zum Glück so weit wie ich. Sie hatten erkannt, dass der Tod zum Leben gehört und dass man Sterbenden hilft, indem man bei ihnen ist und bei ihnen bleibt, falls man dazu in der Lage ist. Es kostete mich unendlich viel Überwindung, aber meine Mutter gab mir während ihrer für sie und uns so zermürbenden Krankheit unglaublich viel Kraft, aus der ich noch heute schöpfen kann. Es war *ihre* Kraft, die es mir ermöglichte, ihr Sterben und ihren Tod auch für mich anzunehmen. Doch ich sah, wie sich ihre Enkelkinder mit dem bevorstehenden Tod ihrer Großmutter sehr schwer taten. Wie war ich als Kind gewesen? In welcher Form war mir als Kind der

Das Wagnis, in die Tiefe zu gehen

Tod begegnet? Ich schrieb mehrere Kurzgeschichten darüber. Meine Mutter stärkte mich in dieser Zeit durch ihren unglaublichen Optimismus und ihren Glauben an die Mutter Gottes. Sie war in ihrer Krankheit so weise. Später konnte ich aus der Sicht von Marcels Schwester das Buch *Es geschah an einem Sonntag. Ein Abschied* schreiben.

Dann traf ich Margit Baßler, eine Kinderpsychologin, und erfuhr von einem Seminar, das an der Evangelischen Akademie in Bad Segeberg bei Hamburg geplant wurde. Ein Wochenendseminar für Familien, die ein Kind oder sogar mehrere durch Krankheiten, Selbsttötung, durch Frühtod oder Unfall verloren hatten. Wir beiden wurden gefragt, ob wir die trauernden Geschwisterkinder betreuen und begleiten wollten. Obwohl ich noch gefangen war in der tiefen Trauer um den Tod meiner Mutter, habe ich diese Aufgabe angenommen, weil ich mir sicher war, dass sie es so gewollt hätte. Ich wusste, dass ich diese Arbeit mit Margit schaffen würde. Und bis heute, es ist inzwischen mehr als zehn Jahre her, arbeite ich mit trauernden Geschwistern. Mittlerweile betreue ich die Gruppe der Jugendlichen. Wir sind jetzt ein großes Mitarbeiterteam von Psychologen, Sozialpädagogen, Theologen geworden, weil die Gruppen immer größer wurden. Hatten Margit und ich in der allerersten Gruppe insgesamt sieben verwaiste Geschwister im Alter von drei bis siebzehn Jahren, so habe ich allein schon in der Jugendgruppe manchmal bis zu neunzehn Jugendliche als Teilnehmer.

Wie verläuft so ein Wochenende? Die Vorschulkinder, Schulkinder, Jugendlichen und die erwachsenen Geschwister haben alle eine eigene Gruppe, die meistens von zwei Personen geleitet wird. Auch die Eltern gehen in ihre eigenen Gruppen. Was die Jugendlichen uns und sich gegenseitig erzählen, bleibt in der Gruppe, wenn sie das wünschen. Die vielen Texte und Aufzeichnungen, die Einblicke in ihre Tagebücher und Briefe, auf denen dieses Buch beruht, haben sie mir voller Vertrauen gegeben. Ich bin ihnen sehr dankbar, denn selbstverständlich ist das nicht.

Die Familien reisen am Freitagabend an. Wir treffen uns alle gemeinsam in einem großen Raum, wo wir eine Art Begrüßungsritual machen. Danach teilen wir uns in die einzelnen Gruppen auf. Jedes Seminar hat ein neues Thema, zum Beispiel *Meine Wüste* oder *Gespräche mit dem Seelenvogel, Zwischen Himmel und Erde* oder *Meine Hände*. So gibt es in diesem Band auch Texte zu einigen dieser Themen. Wir arbeiten außerdem mit Auszügen aus Büchern, zum Beispiel aus *Der kleine Prinz*.

Lesen und Vorlesen, Bilder malen mit weicher Pastellkreide, Schreiben von Texten, Briefen, Tagebuchnotizen, Meditation, Vertrauens- und Körperspiele, Entspannungsübungen und Rollenspiele lösen sich ab. Wir hören Musik, tauschen uns in kleinen und großen Gruppen aus, es wird geweint, gelacht – und vor allem lernen wir aufeinander zuzugehen und uns gegenseitig zu vertrauen. Das kostet sehr viel Mut! Viele Jugendliche, die das erste Mal große Angst vor dem Wochenende haben und nicht immer freiwillig gekommen sind, stellen bald ganz erleichtert fest, dass sie mit ihrer Trauer nicht allein sind und in dieser Umgebung endlich richtiges Verständnis finden. Sie dürfen weinen, von ihrem Kummer und ihrer Trauer erzählen, davon, wie es ihnen zu Hause, in der Schule und in der Freizeit ergeht. Am Sonntag, nach einem gemeinsa-

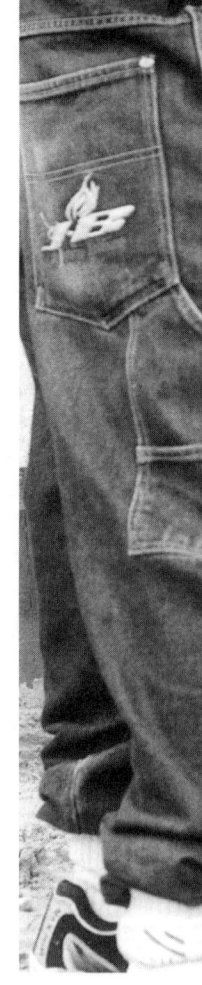

Das Wagnis, in die Tiefe zu gehen

men Abschiedsritual und dem Mittagessen, fahren die Familien wieder nach Hause.

Manche Familien kommen jahrelang. Es gibt im Jahr drei bis vier solche Wochenendseminare, die immer ausgebucht sind. Die »Zentrale« für verwaiste Eltern und Geschwister ist in der Evangelischen Akademie in Hamburg. Dort werden außerdem Gesprächsgruppen für betroffene Eltern angeboten. Es gibt inzwischen viele Selbsthilfegruppen in ganz Deutschland, der Schweiz und Österreich. Die Wochenend-Trauerseminare mit den Geschwisterkindern in Bad Segeberg sind allerdings einzigartig.

Ich bin meiner Mutter sehr dankbar, dass sie mir Mut gemacht hat, mit trauernden Kindern und Jugendlichen, mit verwaisten Geschwistern zu arbeiten.

Was in den Schreib- und Malwerkstätten passiert

Viele Beiträge in diesem Buch sind in meinen Schreib- und Malwerkstätten entstanden. Alle diese Workshops finden in einem ganz ruhigen Raum statt, in dem viel Platz ist. Jeder Teilnehmer braucht einen eigenen Arbeitsbereich. Die Tische werden an die Wände gestellt, in der Mitte des Raums stehen die Stühle im Kreis. Meistens stelle ich Blumen in den Stuhlkreis hin, Musikinstrumente und Gegenstände, die mit dem Thema zu tun haben und die angefasst werden können. Ich richte in einer Ecke im Raum einen kleinen Büchertisch ein und stelle den CD-Player auf, lege andere Materialien, die ich benutze, dazu. Das sind dicke Filzstifte, Kästen mit weicher Pastellkreide, Tonpapier in vielen Farben, Schreibstifte und Bögen Papier zum Schreiben.

Am liebsten ist es mir, wenn nicht mehr als fünfzehn Teilnehmer da sind, weil ich ihnen sonst nicht gerecht werden kann. Ich arbeite mit Jugendlichen ab zwölf Jahren, aber auch mit Erwachsenen, in Schulen, in Akademien, Jugend-

Das Wagnis, in die Tiefe zu gehen

gefängnissen, Jugendzentren, auf Familienseminaren und so weiter. In meinen Workshops muss man *gar nichts* können, einfach nur Spaß daran haben, in sich hineinzuhorchen und mit mir Schritt für Schritt weiterzugehen. Am Ende kann man dann ganz erstaunt feststellen, was alles in einem schlummert! Es geht nicht darum, in perfektem Deutsch zu schreiben, und auch nicht darum, traumschöne Bilder zu malen, sondern sich einzulassen auf eine abenteuerliche innere Reise. Wer möchte, kann seine Texte vorlesen. Manchmal lesen wir uns in Zweiergruppen vor, manchmal auch in der großen Gruppe. Der Hauptgedanke dabei ist: Wir sind nicht in der Schule, es ist kein Leistungsdruck da und Noten gibt es schon gar nicht. Jedes Bild ist wichtig, jeder Text wird ernst genommen. Und: Wir respektieren uns gegenseitig. Auch das ist notwendig für die Gruppe. Am liebsten ist es mir, wenn die Teilnehmer freiwillig kommen. Das Thema suche ich vorher aus oder spreche es mit der Gruppe ab. Einige Beispiele für solche Themen: *Was ist für mich Freiheit?*, *Vergitterte Gedanken – weggeschlossene Gefühle*, *Liebeskummer*, *Zu-Flucht*, *Familie*, *Erzwungene Nähe*, *Der Baum*, *Träume*, *Mein Lebensmärchen*, *Meine Wüste*, *Meine Hände*, *Drogen* usw.

Im Verlauf des Workshops beobachte ich die Teilnehmer, helfe ihnen, wenn sie sich nicht so ganz trauen oder irgendwo stecken geblieben sind, mache ihnen Mut, aber ich zwinge sie zu nichts. Wichtig ist mir auch, dass niemand aufgewühlt nach Hause geht. Ich versuche die Workshops immer mit einem positiven Gedanken, mit einer Mut machenden Übung oder einem Text abzuschließen. Für persönliche Fragen bleibe ich noch länger im Raum. Zwischendurch machen wir oft Pausen, weil das Ganze ziemlich spannend und auch anstrengend ist! Auch dann bin ich für die Teilnehmer da. Es ist gut für sie zu wissen, dass sie sich mir anvertrauen können.

Die längste Reise ist die Reise nach innen:
Wege zu mir selbst

105

DIE LÄNGSTE REISE IST DIE REISE NACH INNEN: WEGE ZU MIR SELBST

Meine Wüste

Schon mal in der Wüste gewesen? Noch nicht? Es gibt eine, die ist ganz nahe. Es ist die eigene Gefühlswüste, die genauso schön, aufregend, anstrengend, öde, trocken, aber auch fruchtbar sein kann wie die echte Wüste. Wer genau in sich hineinsieht, entdeckt erstaunlich viel. Auch wenn die innere Wüste auf den ersten Blick nicht einladend wirkt, nein, sogar traurig erscheint, so findet man in ihr doch nicht nur Hitze, Kälte und Sandstürme. Plötzlich ist da eine Oase mit einer Quelle zur Erholung nach der langen Durststrecke.

»Die Wüste ist der Ort der Wahrheit, der Ort, wo alle schönen Worte enden und kein Reden stimmt.« Dieser wunderbare Satz stammt nicht von mir. Ich fand ihn in einem Fotoband über die Wüste, er ist eine arabische Weisheit. Wer sich traut in die Wüste zu gehen, wird sich wundern. Wer sich traut in die eigene Wüste zu gehen, wird sich erst recht wundern. Es ist die abso-

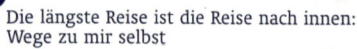

lute Herausforderung und eine unglaubliche Erfahrung. In der Wüste gibt es Bewegung, Veränderung und Neuanfang. Eine Reise in die Wüste ist die längste Reise nach innen. Einige Jugendliche gingen mit mir während einer Meditation in ihre eigene Wüste.

Meine Wüste erkenne ich, wenn es mir schlecht geht oder ich mich in einer Menschenmenge einsam fühle. Es gibt aber auch positive Sachen, die in meiner Wüste sind: Wenn ich zum Beispiel Zuversicht brauche oder Hilfe, dann sind meine Eltern und die Freunde wie eine Oase, die man nach einer langen Durststrecke erreicht und bei der man sich ausruhen kann. Wenn ich verzweifelt bin, dann entsteht in mir eine Leere ohne einen Ausweg.

> **»Es macht die Wüste schön, dass sie irgendwo einen Brunnen birgt.«**
>
> **Antoine de Saint-Exupéry**

Ich stehe vor einem langen Weg zu mir selbst und versuche den Kern in mir aufzudecken. Wenn ich meinen Bruder finde und spüre, dass er bei mir ist, dann bin ich im eigenen Kern, der auf mich wirkt wie eine kleine Wasserstelle in der Wüste. In der Wüste erkenne ich auch die Unendlichkeit meines Seins und der Seele meines Bruders. Die Wüste in mir ist noch nicht erkundet, ich denke, im Laufe meines Lebens komme ich ihr näher und lerne sie kennen. Die Wüste in mir ist wie die wahre Wüste, allein von Gott erschaffen!

Betty, 13 Jahre

Meine Wüste verkörpert mein Leben. Wenn ich mich einsam fühle, ist die Wüste endlos weit und leer. Dann gibt es nur hier und da mal einen Baum oder ein Tier. Doch bringen es diese Lebewesen nicht fertig, mich aufzuheitern. In der

Wüste ist aber auch Wasser oder sogar eine ganze Oase: Ich bin fröhlich, kann mich wieder freuen und über meine Gefühle sprechen. Doch bald darauf wird die Landschaft vielleicht wieder kahl. Mein Leben zieht dann an mir vorbei, ohne dass ich die kleine Blüte der Hoffnung bemerke, die am Wegrand steht. Wegrand. Ja, wie leicht kann ich meinen Weg verlieren, irgendwo hingelangen, wo ich nicht hingehöre. Doch ich will mir nicht eingestehen, dass ich falsch bin. Ich habe Wahnvorstellungen. Es ist gefährlich. Ich brauche dann wieder einen Ort, an dem ich einsam bin, an

Die längste Reise ist die Reise nach innen:
Wege zu mir selbst

dem ich mich selbst wieder finde. Dazu ist die Wüste, *meine* Wüste gut. Nur ich darf dann drin sein und niemand anderes. Nur ich!

Wenn ich wieder weiß, was ich will, und meinen Weg, meine Richtung, mein *Ziel* wieder erkannt habe, dann erst darf ich mich zu den wasserspendenden Orten bewegen. Denn was bringt einem Hilfe, wenn man nicht weiß, ob diese Hilfe wirklich gut für einen ist und ob man bereit ist, sie anzunehmen!

Dorothee, 15 Jahre

Stille. Leichter Anbruch der Dunkelheit, noch nicht kalt, doch nicht mehr so heiß wie am Tage.

Der Himmel ist in rotes Licht getaucht, die Dämmerung kommt.

Angst vor der Nacht, vor Tieren, habe ich noch keine.

Müdigkeit überkommt mich, die Erschöpfung, der Durst, doch ich weiß, ich muss weitergehen, sonst erfriere ich.

In der Ferne sehe ich einen leichten Sandstern.

Laufe ich in die richtige Richtung?

Werde ich nach Hause kommen oder gebe ich vorher auf?

Ich weiß es nicht!

Jule, 16 Jahre

Weite, Einsamkeit, unerträgliche Hitze, nachts jedoch klirrende Kälte. Das Warten auf ein paar Regentropfen, oder sind sie vielleicht schon da? Die Stille, auf eine Art schön, doch auch Furcht einflößend. Angst vor dem Verdursten, Verzweiflung. Doch dann Oasen. Ein Wasserfall, das gibt mir Mut. Das Trauerseminar ist für mich wie eine Oase in der Wüste des Lebens.

Conrad, 17 Jahre

In meiner Wüste ist fast immer nur Sand, bis auf einen kleinen Fleck, der eine Oase ist und Hoffnung bedeutet. Dort ist ein Weg, der zur Oase hinführt. Auf diesem Weg laufe ich, wenn ich mal wieder über mein Leben und alles, was dazugehört, nachdenke. Ich habe meinen Bruder ans Ende des Weges gesetzt, da er den Weg schon gegangen ist. Es gibt auch einen Fluss, den Lebensstrom. Er hört nie auf zu fließen.

Ich sehe auch einen Teich, der nicht ganz rund ist. Er soll mein bisheriges Leben darstellen. Am Himmel ist die Son-

Die längste Reise ist die Reise nach innen:
Wege zu mir selbst

ne, mein toter Bruder, der auf uns herabschaut. Ich dachte mir, dass er uns Leben schenkt und immer bei uns ist, zumindest seine Seele in uns drinnen.
Theo, 15 Jahre

Wüste bedeutet für mich zu kämpfen, gerade wenn ich lockerlassen will. Durch das Extreme wieder zu mir selbst zu finden und vielleicht ruhiger zu werden und neue Ziele, Ansichten zu bekommen. In der Realität ist so eine Wüste für mich das Ballett. Ich trainiere hart gegen die Erschöpfung an, bis alles draußen ist, bis die Schwüle, die unerträgliche Hitze, die Kopfschmerzen, die vielen Gedanken im Kopf wieder verschwunden sind. Die Wüste hilft mir klare Gedanken zu fassen. Ja, vielleicht ist die Wüste der Zustand, der vor dem Kämpfen in mir herrscht, auch der der Härte, der Disziplin, die ich brauche, die ich suche und mir aufzwinge, die mich aus der Wüste herausholt.
Katharina, 15 Jahre

Gespräche mit dem Seelenvogel

Wir können auf der Reise nach innen noch einen Schritt weiter gehen. Vor einigen Jahren entdeckte ich ein kleines Bilderbuch, Der Seelenvogel von Michal Snunit. Die Autorin dachte sich das Bild eines Vogels aus, der in unserer Seele wohnt. In ihrem Buch beschreibt sie diesen Vogel so, als hätte er viele kleine Schubfächer voller Gefühle, die man auf- und zumachen kann. Der Seelenvogel hat den Schlüssel dafür und ich brauche ihn nur zu bitten, mir die Fächer zu öffnen, die ich gerade brauche. Wenn ich die Reise nach innen zum Seelenvogel mache und in mich hineinhorche, kann ich ihn – vielleicht – hören, ihn ansprechen, mich mit ihm

111

unterhalten. Ich kann ihn zum Beispiel fragen: Wie geht es dir, Seelenvogel? Bist du traurig? Vielleicht eifersüchtig? Hast du eine Wut im Bauch? Hast du einen Hass? Und auf wen? Hast du Liebeskummer? Möchtest du getröstet werden? Seine Antworten sind oft überraschend.

Ich war erstaunt, wie viele Jugendliche ein Gespräch mit ›ihrem‹ Seelenvogel führen, ganz tief in sich hineinhorchen wollten. Es waren nicht nur verwaiste Geschwister, sondern auch junge Häftlinge, die um ihre Freiheit trauern. Ihr Inneres, ihr Seelenvogel gab ihnen Antwort auf viele Fragen. Ich glaube, die Dialoge mit dem Seelenvogel sprechen für sich. Kleine Hilfe beim Lesen: I heißt ich, V steht für Seelenvogel.

Jörn, 19 Jahre:

I: Was bist denn du für ein schräger Vogel?

V: Ich bin dein Seelenvogel!

I: Was bist DU...???

V: Dein Seelenvogel!! Ich wohne in deiner Seele und ordne deine Empfindungen, deine Träume, deine guten und schlechten Gedanken.

I: Und warum bist du so bunt?

V: Weil du mir in deiner Fantasie Farbe gibst: Bist du schlecht gelaunt, bin ich grau. Bist du fröhlich, bin ich bunt.

I: Kannst du auch Freundschaften schließen?

V: Ja, aber nur mit dir und auch nur, wenn du mich annimmst, mich erkennen und verstehen willst. Du kannst mich hören und sogar fühlen! Schau tief in dich hinein und finde zu dir, denn wenn du zu dir findest, findest du auch mich ... deinen bunten Seelenvogel! Wollen wir Freunde sein?

I: Ja, ich möchte dein Freund sein!!

> Der Seelenvogel kann dir dabei helfen, mit deinen Gefühlen besser klarzukommen.
> **Jörg**, 18 Jahre

Die längste Reise ist die Reise nach innen:
Wege zu mir selbst

Anna, 18 Jahre

I: Du könntest dich mal öfter zeigen!

V: Du musst dir mehr Ruhe und Zeit nehmen.

I: Ich fühle so viel, vielleicht könntest du ein paar Schubladen zulassen.

V: Fühlen heißt leben.

I: Es schießt aus mir raus manchmal. Ich kann es nicht einordnen und ich verletze die Menschen, die ich liebe, das möchte ich nicht. Ich weiß, dass ich lebe. Vielleicht kannst du mir weniger verschiedene Gefühle geben.

V: Konzentrier dich dann auf eine Sache, auf ein Gefühl.

I: Wie kann ich die anderen denn ignorieren? Es fließt alles zusammen.

V: Eben, es fließt alles zusammen. Es ist ein Leben, dein Leben. Ich bin Teil deines Lebens, immer bei dir, ich komme aus dir und du aus mir. Wenn du versuchst, deine Gefühle zu verfälschen, zu verdrängen oder zu unterdrücken, ist der Fluss unterbrochen und alles staut sich. Dann springe ich umher und du bist verwirrt.

I: Ich kann und möchte meine Gefühle nicht zulassen.

V: Ich bin aber so konzipiert.

I: Ich verletze andere damit, egal ob ich die Gefühle zulasse oder unterdrücke. Warum kannst du mir keinen vernünftigen Rat geben?

V: Da musst du mehr auf mich achten, dir Zeit für mich nehmen, dann springe ich nicht so rum.

I: Ich fühle die Traurigkeit, sie ist wie eine große Wolke im Bauch, die uns will und überall anstößt. Weißt du, Vogel, ich bin richtig böse, wenn du die Traurigkeit manchmal rauslässt. Aber sie gehört ja zu mir, ich habe mich dran gewöhnt. Ich weiß, wie viel ich nicht zugelassen habe. Wir müssen noch ein Leben lang miteinander auskommen. Darum melde dich, wenn ich dich vergesse.

V: Gut, dann hör auch auf mich.

I: Ja, bis bald.

Die längste Reise ist die Reise nach innen:
Wege zu mir selbst

Die Geschichte meiner Hände

Habe ich meine Hände mal richtig betrachtet, in aller Ruhe? Waren sie immer so?

Wie waren meine Hände, als ich geboren wurde? Was können meine Hände? Was machen meine Hände, wenn ich traurig bin oder andere es sind? **Betty**, 13, schrieb zu diesen Fragen den folgenden Text:

Die Geschichte meiner Hände ist nicht leicht zu erzählen. Es fängt mit einer kleinen unschuldigen und reinen Hand an. Jetzt ist meine Hand voller Erfahrungen. Früher haben mir meine Eltern Liebe, Hoffnung, Vertrauen und Zuversicht geschenkt und sie mir in die Hand gegeben. Mein Bruder hat mich mit durchs Leben begleitet und macht das auch heute noch. Meine Hände haben viele Berührungen erfahren, größtenteils positive Berührungen. Mit meinem Bruder zusammen sind wir abends oft zu meinen Eltern ins Bett gegangen und haben gekuschelt. Mit meinen Händen habe ich noch nie jemanden geschlagen oder ihm bewusst wehgetan. Ich berühre meine Eltern und früher auch meinen Bruder oft, ich glaube, ich brauche das.

Mit meinen Händen möchte ich Freunde trösten und ihnen Mut und Hoffnung geben. Ich gebe vielen Menschen Liebe mit meinen Händen, meinen Eltern schenke ich auch oft was. Durch andere Hände bekam ich oft Wärme und Zuversicht. Manchmal hat man mir wehgetan.

In meinen Händen trage ich viele Erfahrungen. Davon sind viele gut und andere sehr schlecht.

Die Berührungen mit meinem Bruder im Sarg und im Bett, als er tot war, waren mir sehr wichtig.

Betty, 13 Jahre:

I: Ich fühle mich geborgen und wohl. Andererseits bin ich verwirrt.

V: Es ist gut, dass du hier bist, und ich fühle mich genauso wie du. Ich bin froh, dass ich dein Seelenvogel sein kann und dass du mich annimmst, wie ich bin, auch wenn es dir manchmal gar nicht recht ist, dass du in der Schule weinst. Aber ein Seelenvogel ist stärker als alles, was sich gegen ihn sträubt.

I: Manchmal weine ich und ich weiß nicht direkt, wieso ich weine, dann fühle ich mich dir so hilflos ausgeliefert.

V: Du bist mir nicht ausgeliefert, du bist deiner Trauer ausgeliefert. Und ich tue das, was richtig ist für dich. Du musst den anderen Menschen zeigen, dass du immer noch traurig bist. Selbst wenn die Menschen es nicht verstehen wollen, dass es dir schlecht geht. Du musst nur auf mich hören.

I: Manchmal habe ich Angst, meine Freundin zu verlieren, weil sie außer meinen Eltern die Einzige ist, mit der ich reden kann. Alle anderen in der Schule haben meinen Bruder

Die längste Reise ist die Reise nach innen:
Wege zu mir selbst

und mich vergessen. Sie denken, dass ich schon darüber hinweg bin. Der Umgang mit ihnen spaltet mich und ich fühle mich so, als hätte ich zwei Persönlichkeiten.

V: Du hast eine einmalige und einzigartige Persönlichkeit. Es ist nur noch zu früh für dich, in der Schule die Balance zu finden, wie du dich selbst nicht belügst, aber dich auch nicht preisgibst. Man muss akzeptieren, dass es nicht alle verstehen können.

I: Ich kann es nicht akzeptieren, dass alle auf meinen Gefühlen herumtrampeln.

V: Sie trampeln nicht auf deinen Gefühlen herum. In deiner Klasse sind die Kinder unsicher und haben noch nie so etwas erlebt.

I: Du hilfst mir, lieber Vogel, du musst immer bei mir bleiben. Ich habe noch nie in meinem Leben mit dir gesprochen. Ich wusste gar nicht, dass es dich gibt. Aber jetzt spüre ich dich.

V: Ich werde immer bei dir bleiben und ich fühle immer genau das, was du fühlst. Ich mag dich und meinen Platz in deiner Seele.

Jenny, 13 Jahre

I: Bin traurig.

V: Warum bist du traurig?

I: Wegen Jonas.

V: Was ist denn mit dem Jonas passiert?

I: Jonas hat sich umgebracht.

V: Warum hat er sich denn umgebracht?

I: Das weiß ich nicht.

V: Möchtest du das wissen?

I: Ja, ich würde es gerne wissen.

V: Wie kann ich dir helfen?

I: Ich brauche einen zum Reden.

V: Du kannst ja mit mir reden.

I: Das ist sehr gut, dass du mit mir reden willst.

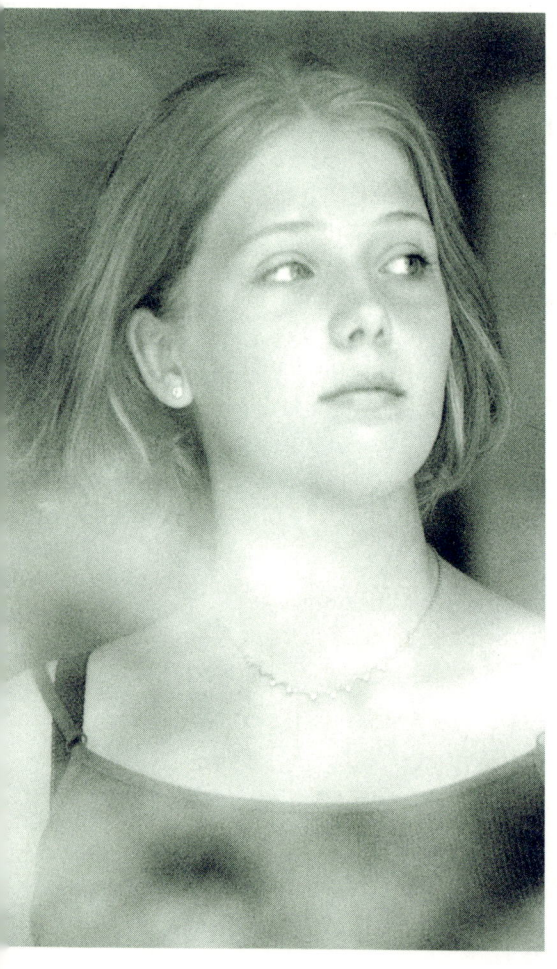

V: Du kannst aber auch mit deiner Freundin reden.

I: Ja, ich könnte, aber ich traue mich nicht.

V: Du brauchst nur ein wenig Mut.

Jasmin, 17 Jahre

I: Hilf mir, ich arbeite immer gegen mich!

V: Ich will dir doch helfen, aber die Wunde in mir schmerzt so sehr!

I: Du springst immer nur durch die Gegend, lässt mich Dinge spüren, mit denen ich nicht klarkomme. Diese Gefühle sind so gegensätzlich, dass sie mich total verwirren.

V: Ich kann nichts tun. Diese Wunde ist so tief, dass ich nichts mehr unter Kontrolle habe. Die Schubladen öffnen sich von alleine. Ich würde auch gerne wieder ins Licht fliegen, aber ich bin zu schwach.

I: Was können wir tun?

V: Nichts. Wir können nur versuchen diese unfreiwilligen Gefühle zuzulassen und dadurch meine Wunden zu heilen.

I: Aber ich habe Angst davor. Ich habe Angst vor meinem Umfeld, wenn ich diese seltsame Kombination von Gefühlen zulasse. Man wird mich nicht verstehen können, sie werden Angst haben und mich allein lassen. Sie werden

Die längste Reise ist die Reise nach innen·
Wege zu mir selbst

mich für krank erklären und mich wieder in irgendeine Therapie schicken.

V: Du weißt, dass du nicht krank bist, und die Menschen, auf die es ankommt, wissen das auch, dass meine Verletzung an allem schuld ist. Wenn du irgendwann wieder normal und fröhlich leben willst, musst du diese Gefühle zulassen. Sonst wirst du wirklich krank. Ich will dir helfen, aber es geht nicht ohne deine Unterstützung.

I: Ich weiß nicht, ob ich das überhaupt schaffen kann.

V: Du wirst es schaffen. Und dann wirst du zurückblicken und dich wundern, weshalb du solche Angst hattest. Ich werde wieder strahlen vor Farben und meine Wunde wird nicht mehr so schmerzen.

I: Aber ich habe nicht nur Angst vor den Gefühlen, sondern auch vor dir. Wer sagt mir, dass du es wirklich gut mit mir meinst? Wer garantiert mir, dass du wirklich verletzt bist und nicht nur ein böses Spiel mit mir treibst?

V: Niemand, das musst du selber rausfinden!

I: Dann sag mir, was ich machen soll, damit deine Wunde heilt.

V: Das habe ich! Wenn du bereit bist mich zu heilen, dann werde ich da sein und dir helfen. Bis dann!

Gespräch zwischen einem Häftling und mir

»Möchtest du Tagebuch schreiben?«

»Wieso denn?«

»Das könnte dir vielleicht helfen, wenn du traurig bist.«

»Wie geht denn das?«

»Du schreibst auf, wie du dich fühlst, und keiner macht dich an.«

»Manchmal schreibe ich meiner Freundin.«

»Schreibst du auch, dass du traurig bist?«

»Das weiß die sowieso. Das muss ich ihr nicht auch noch schriftlich geben.«

»Was schreibst du dann?«

»Dass ich sie vermisse und mich nach ihr sehne. Und dass sie mir treu sein soll.«

»Hast du Angst, dass sie das nicht ist?«

»Klar doch. Wer will denn schon einen Knacki?«

Jochen, 13 Jahre

I: Ich mag dich.

V: Ich dich meistens auch.

I: Wieso meistens?

V: Weil du manchmal Sachen machst, die ich nicht gut finde.

I: Was denn?

V: Wenn du dich mit anderen streitest.

I: Wie geht es dir dann?

V: Ich werde hin und her geschüttelt und manchmal verletze ich mich auch dabei.

I: Was ist mit dem Seelenvogel von meinem Bruder?

V: Das darf ich dir nicht sagen, weil du ihn sonst holen würdest, und das darfst du nicht. Ich kann dir aber sagen, dass alle Vögel, wenn die Leute schlafen, sich treffen. Deshalb darfst du auch nicht so lange wach bleiben. Sonst könnte ich nicht mehr so gut Kontakt aufnehmen mit den Seelenvögeln von den anderen verstorbenen Geschwistern.

I: Erzähl mir bitte was von meinem Bruder!

V: Okay, also, dein Bruder ist gar nicht tot, nur seine äußere Hülle. Sein Vogel ist mit deinem Bruder ganz woanders hingeflogen in eine andere Welt. Irgendwann kommst du da auch hin.

I: Das ist gut.

V: Tschüs.

Die längste Reise ist die Reise nach innen:
Wege zu mir selbst

Lisa, 14 Jahre

I: Ich bin traurig und froh, dass es ein Trauerseminar gibt.

V: Sei zuversichtlich und geh auf andere zu. Es gibt Menschen, die dich verstehen und die dir helfen können deine Trauer zu überwinden.

I: Ich wünsche mir, dass die Leute aus meiner Klasse mich genauso gut verstehen wie die hier.

V: Es ist klar, dass die Leute dich nicht so gut verstehen. Versuch doch mal ihnen etwas von Claudio zu erzählen.

I: Aber die würden mich nicht verstehen. Ich habe es schon einmal versucht, doch als ich davon angefangen habe, waren sie auf einmal still und haben das Thema gewechselt.

V: Geh in dich hinein und denke dir: Wenn sie mich verstehen wollen, dann werden sie von alleine auf mich zukommen.

I: Ich hoffe, ich kann das glauben. Aber ich kann mich bis dahin nicht einfach verstellen. In der letzten Zeit bin ich gewohnt alles in mich hineinzufressen.

V: Vertrau mir, du brauchst dich für nichts zu schämen, geh aus dir heraus und erzähle, was dir auf dem Herzen liegt. Nimm meinen Rat an.

I: Ich will es versuchen.

V: Du schaffst das. Du bist so ein tolles Mädchen, hab ein bisschen Geduld mit dir, du darfst dir viel Zeit nehmen. *Nur für dich!*

Ich und die anderen:
gute und schlechte Erlebnisse

Ich und die anderen: gute und schlechte Erlebnisse

Betty hat großen Kummer in der Schule gehabt. Um ihr zu helfen, bot ich ihr an, mir in einem Brief davon zu erzählen, und versprach ihr zu antworten.

Liebe Marie-Thérèse,

ich habe oft Schwierigkeiten, mit anderen über meine Trauer zu reden, besonders mit meinen Mitschülern. Sie übersehen mich und viele akzeptieren mich nur, wenn ich fröhlich bin und wenn man zusammen Spaß haben kann. Oft lüge ich. Wenn ich zum Beispiel nicht auf einen Geburtstag gehen will oder nicht an Karneval in die Schule komme, sage ich, dass ich schon etwas vorhabe. Ich glaube, ich mache das, weil es ›schon‹ ein Jahr her ist, dass Jann tot ist, und weil ich denke, dass die anderen mich nicht verstehen würden.
Ich bin in der 7. Klasse, wir sind neu zusammengesetzt wor-

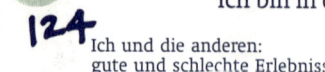

den, daher habe ich viele neue Mitschüler und auch Lehrer, die nicht wissen, dass Jann tot ist. Als ich zu meinem Klassenlehrer ging, um ihm zu sagen, dass ich einen Bruder verloren habe, fragte er mich mit einem genervten Unterton, wie lange es schon her wäre. Ich sagte: Fast ein Jahr. Erst guckte er nur doof, dann sagte er, dann sei es ja nicht so schlimm, und ging aus dem Klassenzimmer. Ich stand da wie gelähmt und fühlte mich, als müsste ich schreien. Mein Klassenlehrer hat mich nie mehr darauf angesprochen. Ich finde ihn blöd, nicht nur deswegen, sondern auch, weil er immer Witze über den Tod oder über Behinderte macht. Er sagt zum Beispiel solche Sachen wie: »Wenn ihr das nicht verstehen wollt, dann müsst ihr eben auf die Klötzchenschule gehen.« Oder: »Wir wollen doch nicht dumm sterben wie viele andere.«

Ich sage oft, dass ich diese Witze nicht komisch finde, aber dann behaupten alle, ich wäre spießig. Es kostet auch sehr viel Kraft, immer als besonders dazustehen, und wenn meine so genannten Freundinnen dann auch noch sagen: »So schlimm ist das doch nicht«, mache ich es gar nicht mehr. Wenn ich Witze über Behinderte höre, ist es wie ein Stich ins Herz, aber ich kann mich nicht mehr so leicht dagegen stellen, wie ich es gemacht habe, als mein behinderter Bruder Jann noch lebte.

Marie-Thérèse, ich danke dir, dass ich das aufschreiben durfte, es hat mir gut getan.

Bis bald, deine **Betty**

Liebe Betty,

ich danke dir für deinen ehrlichen und langen Brief. Er hat mich sehr beschäftigt und ich konnte nicht sofort antworten, weil ich mir genau überlegen wollte, wie und ob ich dir helfen kann.

Es ist gut, dass du aufgeschrieben hast, was dich traurig macht, und dass du auch Beispiele dafür gibst. Aber so rich-

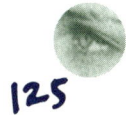

tig traust du dich noch nicht. Du bist viel zu lieb und zu nett zu deinen Klassenkameradinnen und den Lehrern. Das liegt auch an deiner liebenswerten Art.

Doch stell dir mal vor, dass du allen, die dir wehgetan haben, die dich gekränkt und verletzt haben, dass du denen mal sagen darfst, was du von ihnen hältst und was dir überhaupt nicht gefällt! Und vor allem, was du dir wünschst, was sie ändern sollten. Du darfst dabei richtig »die Sau rauslassen«, allerdings erst einmal in Gedanken und dann auf Papier. Schone dich selbst nicht und sonst auch keinen. Denn du schreibst selbst schon am Ende deines Briefes: Es hat mir gut getan. Trau dich! Du darfst toben, weinen, schreien, schimpfen und kreischen, alles auf Papier. Überleg dir, wen du anschreien möchtest und wie. Weißt du, viele trauernde Jugendliche vergessen, dass sie auch mal richtig wütend sein dürfen!

Schaffst du das? Ich denke schon.

Liebe Betty, verlier nicht den Mut. Du wirst es schaffen und du weißt, es gibt trotz allem viele Menschen, die Verständnis für dich haben, dir helfen möchten und dich sehr lieb haben.

Liebe Grüße an dich und deine Eltern. Wir sehen uns ja bald wieder! Deine *Marie-Thérèse*

Ihre Wut rauszulassen, ihrer Enttäuschung Ausdruck zu geben, mal um sich schlagen statt alles in sich hineinzufressen – das war auch für *Sarah* in ihrem Liebeskummer wichtig. In ihrem Tagebuch schreibt sie sich alles von der Seele.

Patrick! Heute kann ich zum ersten Mal wirklich wütend auf dich sein. Es hat lange gedauert, aber es tut gut. Solange ich traurig war, habe ich die Schuld immer bei mir gesucht. Mich mit Fragen gequält: Was habe ich falsch gemacht?

Ich und die anderen:
gute und schlechte Erlebnisse

Warum war ich zu schwach, als es darauf ankam? Warum bin ich es nicht wert, geliebt zu werden?

Aber nie habe ich wirklich gesehen, wie unfair dein Verhalten ist. Dieses Schweigen. Du hast meine Briefe ignoriert. Du hast mich hängen lassen. Ich habe immer versucht mich in dich hineinzuversetzen. Aber du? Hast du irgendwann versucht zu verstehen, wie ich mich fühle? Wohl kaum. Sonst hättest du mir Erklärungen gegeben. Denn auch wenn eine endgültige Abfuhr wehgetan hätte, noch mehr tat dein Schweigen weh. Ständig hin und her gerissen zwischen Verzweiflung und Hoffnung. Das ist so gemein. Ich habe mich für jeden Scheiß, für jede Provokation entschuldigt. Ich habe dir Briefe geschrieben, Erklärungen gegeben. Immer wieder, ohne dass du sie wolltest. Und was hab ich dafür bekommen? Nichts. Rein gar nichts. Nicht ein offenes Wort. Ich weiß nicht, ob das Feigheit ist oder ob du einfach ein Arschloch bist. Weißt du eigentlich, wie sehr du mich mit deiner Scheiß-Gleichgültigkeit verletzt hast? Weißt du das? Ich hab mich immer wieder klein gemacht, erniedrigt, mich verstellt. Dann wieder habe ich meine Gefühle offen mitgeteilt und mich damit verletzbar gemacht. Ich habe alles versucht: Freundlichkeit, Ignoranz, offene Gefühle, ein Mir-geht's-gut-ohne-dich-Gesicht, Provokationen. Aber nichts hat gewirkt. Ich bin immer nur vor Wände gerannt, bis mir der Kopf wehtat. Warum hab ich das alles gemacht? Du bist es echt nicht wert, fürchte ich. Es war so schön mit dir, ich war so glücklich. Und dann dein plötzlicher Wandel. Die vielen offenen Fragen. Wie sollte ich denn damit klarkommen? Immer diese Angst, dich mit meinen Fragen und Forderungen in die Enge zu treiben. Dabei hätte ich offene Antworten verdient!! Immer wieder habe ich dich vor mir selbst und vor denen, mit denen ich über dich gesprochen habe, in Schutz genommen. Erklärungen für dein Verhalten gesucht. Nein, Patrick ist kein Arschloch, er kann nicht anders. Wozu das alles? Und wozu dein Schweigen? Wenn ich dir so egal bin, hättest du mir die Fragen, die ich hatte, doch beantworten können, oder? Warum also dein Schweigen? Weil es einfacher war? Weil du dich dann nicht mit mir auseinander setzen musstest? Nicht mit dir selbst? Wie konntest du alles, was war (das Schöne und das Beschissene), so einfach aus deinem Leben, deinen Gedanken räumen? Wie soll ich denn mit dem ganzen Gefühlsschrott fertig werden? Ich kann mir nicht vorstellen, dass dir unsere gemeinsame Zeit wirklich etwas bedeutet hat, sonst hättest du nicht einfach alles vergessen können. Du warst meine Bemühungen, meine Tränen, meinen Schmerz nicht wert.

In der Schule hatte kaum jemand Verständnis

Nun kam ich aufs Gymnasium. Oft wurde ich das Übliche gefragt, nämlich ob ich noch Geschwister hätte, und als ich darauf geantwortet habe, habe ich nur dämliche Sprüche zu hören gekriegt wie: »OHHH, das muss dann ja langweilig für dich sein« oder: »Da kriegt man ja viel mehr Sachen von den Eltern.« Naja, mir fällt es immer schwer zu sagen, dass ich keinen Bruder mehr habe!

Am allerschlimmsten war es, als wir in der Klasse über Geschwister sprachen und dass Einzelkinder es später mal schwer haben werden!!! Ja, das hat meine Klassenlehrerin gesagt, die weiß, dass ich meinen Bruder verloren habe, und überhaupt finde ich das Quatsch.

Und so geht es immer weiter, mit positiven Erfahrungen (wenn man mit Freunden über das verstorbene Geschwisterkind reden kann) und mit negativen Erlebnissen wie zum Beispiel in der Schule, aber auch woanders.

Hannes, 15 Jahre

Ich und die anderen:
gute und schlechte Erlebnisse

Wie die andern in der Schule mit mir umgegangen sind? Viel kann ich dazu nicht schreiben, denn es geschah alles stillschweigend. Einige fragten: »Wie geht es dir?«, und betrachteten mich mit einem mitleidigen Blick, andere guckten weg. Von den Lehrern sprach mich niemand an! Die Einzige, die den Namen meines Bruders direkt erwähnte, war Nadine, die nicht sehr beliebt war in der Klasse. Sie fragte: »Wie alt war Sören?« Ich sagte es. Sie sagte: »Schlimm.« Ich nickte. (Das war heftig, aber irgendwie bin ich ihr dankbar.) Zwei Wochen später fragte eine Mitschülerin, ob es mir wieder etwas besser geht. Ich nickte nur, konnte nichts sagen, hätte fast geweint, aber weinen darf man nicht.
Vielleicht drei oder vier Wochen später hatten wir eine Vertretungsstunde bei Herrn H. Er leitet an unserer Schule die Video-AG. Natürlich guckten wir einen Film bei ihm – über Verwesung!!! Es wurden halb verweste Leichen gezeigt und der Prozess der Verwesung genauestens erklärt. Seitdem *hasse* ich diesen Lehrer und bin froh, dass ich ihn noch nie im Unterricht hatte. Und wahrscheinlich auch nie mehr bekommen werde. Er wusste zwar, glaube ich, nichts davon, aber nach diesem Film konnte ich nur noch an eines denken: »So sieht Sören jetzt aus!« Ich wollte weggucken, aber Weggucken ist feige. Ich hab das Bild heute noch vor Augen.

Marieke, 18 Jahre

Seit Inga sich – auch innerhalb der Familie – immer wieder mit dem Tod ihres Bruders auseinander setzt, ist ihr unbegreiflich, dass sehr viele Menschen den Tod ihrer Angehörigen verdrängen. Darum ist es oft unmöglich, offen mit ihnen zu reden.

Zu Hause sprechen wir sehr viel über Thimo. Wir kommen alle ganz gut damit klar. Wir haben so viele schöne Dinge mit ihm erlebt. Auch als er schon krank war, haben wir viel unternommen. Er war so lebensfroh. Aber es gibt Men-

schen, die unsere Trauer um Thimo nicht verstanden haben. Jemand sagte sogar zu uns, dass wir uns ja ein Kind adoptieren könnten. Sozusagen als »Ersatz«. Das hat uns doch sehr getroffen. Und wieder ist da meine Wut auf die Verständnislosigkeit anderer Leute. Dadurch, dass ich so offen über Thimos Tod sprechen kann, habe ich aber noch eine andere erschreckende Situation erlebt, in der ich psychisch sehr stark betroffen war und die mich bis heute noch rasend macht, wenn ich daran denke. Meine damalige beste Freundin und Klassenkameradin hatte auch ihren Bruder verloren. Er ist mit drei Jahren ertrunken. Aber sie redet kaum darüber. In der 8. Klasse hatten wir eine Lehrerin in der Aufsichtsstunde, die uns fragte, ob wir Geschwister hätten und ob die auch auf unsere Schule gehen. Ich sagte, dass mein Bruder mit acht Jahren gestorben ist. Aber dadurch traf ich bei meiner Freundin wohl einen wunden Punkt. Als die Lehrerin gegangen war, verbot sie mir jemals wieder über den Tod meines Bruders zu reden, weil sie fand, es würde sich so anhören, als gäbe ich damit an. Und sie hätte sich mit dem Tod ihres Bruders schon abgefunden und wollte nun nichts mehr davon hören. Das traf mich sehr hart. Am liebsten hätte ich ihr eine gelatscht! Wie konnte sie so was sagen? Sie war doch meine beste Freundin und hatte das Gleiche erlebt wie ich. Sie müsste doch wissen, wie ich mich fühle. Sie hat so getan, als würde ihr Bruder nicht mehr existieren, nicht mehr zur Familie gehören. Das kann doch wohl nicht wahr sein!

Jeder trauert sicher auf seine Weise. Und sie schluckt ihre Trauer anscheinend runter, aber ich spreche lieber darüber als alles in mich hineinzufressen. Und das bleibt auch so.

Nun habe ich eine andere beste Freundin gefunden. Die ist aber eine richtige Freundin. Was wir schon zusammen erlebt haben! Mit ihr kann ich auch sehr gut über Thimo sprechen.

Stimmt, ich merke, ich habe mich sehr verändert. Ist das der Grund, weshalb sich meine Freundinnen Stück für Stück von mir abwenden? Bin ich nicht mehr »angenehm« für sie?

Es ist natürlich viel einfacher, einen immer fröhlichen und unkomplizierten Menschen zum Freund zu haben als jemanden, der Probleme hat und dem man vielleicht helfen müsste.

Katharina, 15 Jahre

Bei ihr fühle ich mich wirklich verstanden. Ihr Großvater ist jetzt an Weihnachten gestorben, danach haben wir sehr lange, vertrauliche Gespräche über unsere verstorbenen Verwandten geführt. Es ist zwar nicht das Gleiche, ob ein Geschwisterkind oder ein Großvater stirbt, aber da meine Freundin ihrem Opa sehr nahe stand, fühlten wir uns doch verstanden. Wir erzählen uns auch sonst sehr viel. Ich hatte schon viele Freundinnen, aber zu keiner hatte ich so viel

Warum dürfen verstorbene Kinder nicht so lange auf dem Friedhof bleiben wie Erwachsene?

Es gibt so viele Dinge, die schief laufen im Umgang mit Trauernden. Für vieles kann man die Leute noch nicht mal direkt verantwortlich machen, weil sie nicht wissen, was ihr Handeln oder ihre Worte bei uns auslösen.

Aber muss es denn sein, dass man direkt nach der Beerdigung gefragt wird, wer in 15 Jahren für das »Abräumen« des Grabes sorgen wird? Muss es sein, dass verstorbene Kinder nicht so lange auf dem Friedhof bleiben dürfen wie Erwachsene? Und muss man das einem damit erklären, DASS KINDER SCHNELLER VERWESEN ALS ERWACHSENE?

Wir suchen doch keinen Platz, wo wir »tote Körper verwesen lassen« können! Wieso sind Menschen, die bei der Stadt ein Amt innehaben, bei dem man ständig mit Trauernden umgehen muss, so wenig vorbereitet? Wie kann man einen Friedhof in die Kategorie »Freizeitanlagen« einordnen?

Der Bürgermeister konnte unseren Ärger nicht verstehen – schließlich hatte er beim Tod seiner Frau nur positive Erfahrungen gemacht. Ja, wahrscheinlich, aber mit einem Bürgermeister geht man eben anders um als mit irgendwelchen x-beliebigen Trauernden.

Katharina, 15 Jahre

Vertrauen. Weil ich weiß, wie schlimm Beerdigungen sind, bin ich mit zu der Beerdigung ihres Opas gegangen. Sie war völlig überrascht, aber es hat ihr gut getan.

Da ich schon viele schlechte Erfahrungen mit Freundinnen gemacht habe, bin ich sehr vorsichtig im Zeigen von Gefühlen geworden. Ich weiß, dass ich nicht jedem gegenüber offen sein darf, weil ich Angst habe, wieder vor den Kopf gestoßen zu werden. Am besten kann ich meine Gefühle bei Menschen zeigen, die mir sehr nahe stehen oder die ich sehr gern habe. **Inga**, 15 Jahre

Ich und die anderen:
gute und schlechte Erlebnisse

Meine Schwester
fehlt mir so

Liebe Marie-Thérèse,

heute hatte der Jahrgang, in dem meine Schwester war, Abi-Streich. Falls du nicht weißt, was das ist: Da werden alle Türen der Schulgebäude abgeschlossen und versperrt und draußen tobt Highlife. Und niemand hat verstanden, dass ich nicht so gut drauf war, und sie haben mich angepöbelt. Tja, für sie war alles normal und sie hatten auch nicht daran gedacht, dass eigentlich meine Schwester zwischen den glücklichen Abiturienten wäre.

Erst als ein Freund von meiner Schwester kam, den ich auch ganz gut kenne, und ein paar Scherze über sein Abi gerissen hat, wurde ich lockerer. Wir haben uns dann relativ ungestört unterhalten und er hat mir noch mal versichert, dass Sarah bei ihnen unvergessen ist. Außerdem hat er mir und meinen Eltern ein kostenloses Abi-Buch versprochen, denn dort haben sie sie auch mit aufgenommen, trotzdem. Wir wurden auch zur Entlassungsfeier eingeladen, aber meine Eltern wollen nicht hin, weil sie die Situation nicht ertragen würden. (Was soll ich denn da sagen? Ich sehe Sarahs Klasse jeden Tag!) Auch ich würde mir dort fehl am Platz vorkommen. Wieso eigentlich? Wahrscheinlich einfach darum, weil Sarah nicht mehr dabei ist. Obwohl – einfach? Nein, einfach ist es nun wirklich nicht. Ich habe ziemlich viel an dem Tod meiner Schwester zu knabbern. Erst jetzt, wo ich langsam Pläne für die Zukunft schmiede, merke ich, wie sehr sie mir in Zukunft noch fehlen wird.

Aber ich werd das schon alles geregelt bekommen, denn ich bin stark, das habe ich schon oft feststellen können. Zum Beispiel, wenn meine Mutter weinend zusammenbricht oder wenn ich immer wieder gegen meine Außenseiterrolle ankämpfen muss.

Ich würde mich freuen, wenn du mir hilfst, auch wenn wir nicht mehr in die Trauerseminare kommen, denn das halten meine Eltern nicht mehr für nötig. Deine **Sabrina**

Liebe Sabrina,

ich kann mir vorstellen, wie du dich gefühlt hast während des Abi-Streichs! Wie gut, dass ein Freund deiner Schwester Sarah da war. Du siehst, irgendwo ist immer jemand, der dir helfen wird, auch wenn du glaubst vieles allein regeln zu können. Du wirst andere Menschen brauchen. Hab keine Angst und den Mut, auf sie zuzugehen und ihnen von deinem Kummer zu erzählen!

Wenn deine Eltern meinen, dass sie nicht mehr in die Familienseminare gehen müssen, dann trifft das für dich vielleicht nicht zu. Eltern trauern anders als ihre Kinder, aber wem erzähl ich das? Versuche ihnen klar zu machen, dass du noch hinmöchtest, um dich mit den anderen aus der Gruppe zu treffen, weil es dir hilft. Es waren schon oft Jugendliche ganz allein da. Ihr bekommt Hilfe, vor allem von uns, die die Gruppe leiten. Vielleicht schlägst du das den Eltern vor?

Hast du eigentlich noch Kontakt zu anderen Jugendlichen aus unseren Seminaren? Ruf mich an, ich kann dir Adressen und Telefonnummern geben. Ich weiß, dass viele von ihnen einander mailen, schreiben, miteinander telefonieren. Sie treffen sich sogar öfter außerhalb der Seminare. Wäre das eine Möglichkeit für dich? Und wie wäre es, wenn du allein zum Seminar kommst?

Liebe Sabrina, ich wünsche dir alles Gute, und wenn du möchtest, dann melde dich bei mir.

Liebe Grüße von deiner
Marie-Thérèse

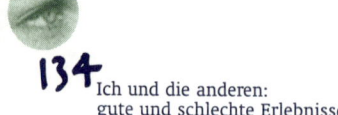

135

Ich traue mich anderen von meiner Trauer zu erzählen

Briefe schreiben ist vielleicht nicht jedermanns Sache. Aber es tut gut, endlich mal loszuwerden, was einen bedrückt, und auf jemanden zuzugehen, dem man vertraut. Auch dem Empfänger kann das viel bedeuten: Einen Brief im Postkasten zu finden, der mit Tinte auf schönem Papier geschrieben wurde, vielleicht noch mit hübschen Bildern oder getrockneten Blumen verziert, das ist ein kleines, sehr persönliches Geschenk. Jedenfalls empfinde ich das so und habe mich über jeden Brief gefreut.

Nach einem Trauerseminar, an dem Marieke zum ersten Mal teilnahm, schrieb sie mir einen Brief. Und so fing vor fünf Jahren unsere Korrespondenz an. Sie dauert bis heute.

Liebe Marie-Thérèse!

Ich hoffe sehr, dass du dich noch an mich erinnern kannst. Ich war auf einem Trauerseminar, das du geleitet hast. Eigentlich wollte ich dir schon viel eher schreiben, aber irgendwie habe ich es immer wieder aufgeschoben. Ich habe das Buch *Du fehlst mir, du fehlst mir!* von Peter Pohl und Kinna Gieth gelesen. Dieses Buch hat mich wirklich zutiefst berührt. Es hat mich zum Nachdenken gebracht und ich sehe einige Dinge nun mit anderen Augen. Ich habe Ähnlichkeiten zwischen Cilla und mir entdeckt. Ich kann meine Trauer auch nicht so richtig herauslassen. Eigentlich wollte ich immer, dass meine Freunde auf mich zukommen, mit mir reden, denn ich konnte einfach nicht mit dem Thema beginnen. Aber niemand ist gekommen, um mit mir zu reden und mit mir zu trauern. Ich hätte gern solche Freundinnen wie Lotta und Sandra aus dem Buch. Aber in meiner Klasse kommen mir alle so oberflächlich vor. Früher dachte ich, Elly aus meiner Klasse wäre so eine Freundin, aber in letzter Zeit redet sie ununterbrochen von ihren Reitturnie-

ren. Ich komme selber kaum noch zu Wort. Dann gibt es noch Ilka, die mir jeden Tag erzählt, wie unglücklich sie doch verliebt ist oder dass sie schon wieder einen neuen Freund hat. Meine Brieffreundschaften sind mir dafür umso wichtiger geworden. Einiges ist besser geworden. Meine Mutter ist nicht mehr so schrecklich traurig wie früher. Mein Vater, sie und ich können auch wieder alle lachen. Das ist schön, aber trotzdem fühle ich mich manchmal etwas einsam, und wenn ich alleine bin, muss ich öfter weinen. Als Sören noch lebte, war alles viel schöner, und wir haben so viel gemeinsam unternommen. Ich kann mich noch gut an den Abend vor Sörens Tod erinnern. Da haben wir uns einen Gutenachtkuss gegeben. Ich bin froh, dass ich mich so von Sören verabschiedet habe. Alles, alles Liebe! Deine
Marieke

Liebe Marieke,

ich kann mich gut an dich erinnern und fand deinen langen Brief ganz toll. Hab vielen Dank für dein Vertrauen.

Ich bin froh, dass du *Du fehlst mir, du fehlst mir!* gelesen hast. Das Buch hat mich wochenlang nicht losgelassen. Dass deine Freunde nicht zu dir gekommen sind in deiner Trauer, ist fast normal. Sie sind genauso hilflos wie du. Wie wäre es, wenn wir das im nächsten Workshop mal in den Mittelpunkt stellen? Vielleicht schreibst du mir deine Wünsche auf, die bestimmt stellvertretend für die anderen trauernden Geschwister sind.

Geht es dir inzwischen besser? Du wirst, genau wie Cilla, eine Lotta und eine Sandra finden, ich bin davon überzeugt. Aber Cillas Weg war lang, deiner kann es auch sein. Lass Sören weiter in dir leben, er wird dir helfen, ich weiß es! Ich hoffe dich wieder zu sehen. Alles Gute und Liebe für dich, deine **Marie-Thérèse**

Liebe Marie-Thérèse,

mir geht es momentan richtig gut. Ich jogge viel durch die langsam wieder auflebende Natur, außerdem mache ich mit meiner Mutter Spaziergänge und Fahrradtouren. Ostern war leider wieder etwas traurig, weil uns Sören da natürlich besonders fehlte. Ich denke, wir sollten in unserem Workshop wieder viel mit Pastellkreide arbeiten. Leider bin ich zwar nicht gut im Malen, aber ich finde, dass es eine tolle Methode ist, seine Gefühle auszudrücken. Außerdem fände ich es wichtig, wieder etwas Meditation zu machen. Das hat mich beim letzten Mal sehr beruhigt. Wenn das Wetter entsprechend ist, wäre es sicher auch sehr schön, etwas unter freiem Himmel zu machen. Vielleicht finden wir auf dem Gelände oder am See etwas (zum Beispiel eine Blume oder

138

Steine), das wir später mit nach Hause nehmen und auf das Grab unseres verstorbenen Geschwisterkinds legen können. Ansonsten ist es natürlich wichtig, sehr viel über die Trauer, aber auch über die glücklichen Erlebnisse, die man hatte, zu sprechen. Ach ja, manchmal zünde ich die Kerze an, die wir im letzten Workshop gebastelt haben, und denke an Sören. Alles Liebe, deine Marieke

Liebe Marieke,

es geht dir viel besser, oder? Der Grundton in deinem Brief gefiel mir. Wenn wir uns Ende Mai sehen, können wir darüber sprechen, wenn du magst. Auch im kommenden Workshop werden wir mit dem weichen Pastell arbeiten, weil es eine wunderbare Methode ist, mit sich und all dem, was in einem steckt, zu arbeiten. *Jeder* kann damit malen! Ich habe noch nie erlebt, dass es Menschen gibt, die es *nicht* können. Ist das nicht toll? Wie gut, dass du eine ausgefüllte Ferienzeit hattest, es wird dir helfen, mit deiner Trauer umzugehen. Du wirst merken, dass du immer einen kleinen Schritt weiterkommst und trotzdem an Sören denken darfst. Sei ganz lieb gegrüßt, deine Marie-Thérèse

Liebe Marie-Thérèse,

heute Morgen habe ich meiner Mutter ein ausgiebiges Frühstück bereitet, habe Blumen gepflückt und ihr ein Kärtchen mit einem hübschen Spruch geschenkt. Außerdem habe ich ihr eine Himbeertorte gebacken. Ich musste oft an Sören denken, denn früher haben wir den Muttertag gemeinsam gestaltet. Aber ich glaube, du hast Recht, es geht mir wirklich besser. Ich kann mich viel mehr an kleinen Dingen erfreuen, die ich früher nur oberflächlich wahrgenommen habe, zum Beispiel am Flug eines Tagpfauenfalters durch unseren Garten, an gelben Wiesen voller Löwenzahn oder an Sonnenaufgängen. (Mein Fenster zeigt direkt nach Osten.) Alles, alles Liebe, deine Marieke

Liebe Marie-Thérèse,

du hattest natürlich Recht, als du auf dem letzten Trauerseminar zu mir sagtest, ich sei sehr dünn geworden. Ich
litt in dieser Zeit an Magersucht und fand mich selbst absolut nicht zu dünn, eher noch ein bisschen zu dick. Es fing
alles im März letzten Jahres an, nach einer ziemlich unglücklich beendeten Freundschaft mit einem Austausch-
schüler aus Argentinien. Ich fühlte mich nicht mehr so wohl
in meiner Haut und war unzufrieden mit mir. Immer mehr
befasste ich mich dann mit gesunder Ernährung, Vollwert-
kost, Schlankheitstipps und Kalorientabellen. Am Anfang
war alles sehr schwer. Vegetarierin war ich zwar schon länger, aber nun wollte ich es natürlich ohne sämtliche Süßig-
keiten (Schokolade, Kuchen, Honig, Marmelade etc.) und ohne Fett (sprich Chips, Pommes, Butter) schaffen. Nachdem
ich die ersten Kilos abgenommen hatte, wurde es auch irgendwie leichter und deshalb wurde ich immer ehrgeiziger.
Ich kaute bei den Mahlzeiten sehr langsam, damit meine Eltern nicht merkten, dass ich viel weniger aß. An Ostern hatte ich früher massenweise Schokoladeneier in mich hinein-
gestopft; diesmal aß ich nur ein einziges und fühlte mich
hinterher total dick und schrecklich. Mit meinen Eltern hatte ich recht häufig Streit, weil ich besonders die schnelle
Essweise meines Vaters ziemlich abstoßend fand. Außerdem wollte ich, dass meine Mutter nur noch fettarme Pro-
dukte kaufen sollte. Kurz vor den Sommerferien wog ich
nur noch 37 Kilo. Meine Eltern machten sich wirklich Sorgen um mich, was ich damals natürlich sehr albern und völlig unnötig fand. Allerdings war ich oft müde und energie-
los und hatte absolut keine Lust, mich mit Freunden zu
treffen. Ich fühlte mich außerdem sehr einsam und traurig.
Ich habe in dieser Zeit wohl kaum gelacht oder ein freund-
liches Wort zu meinen Mitmenschen gesagt, weil ich ständig nur an die nächste Mahlzeit dachte. Manchmal plante
ich schon Tage vorher, was ich dann essen würde: Zum Teil

Ich und die anderen:
gute und schlechte Erlebnisse

waren es nur noch vier Knäckebrote und zwei Äpfel am Tag
(wenn meine Eltern nicht da waren).

In den Sommerferien bin ich dann ja mit einer Jugend-
freundin nach Südfrankreich gefahren. In der ersten Woche
waren wir in der Camargue direkt am Mittelmeer. Das
Schlimmste war für mich das Baden im Meer, denn
nach knapp zehn Minuten war mir eiskalt
und ich war blau angelaufen, obwohl ich ein Jahr zuvor in Portugal
im kalten Atlantikwasser fast eine
Stunde baden konnte ohne zu frieren.
In der letzten Woche wollten wir auf
dem Fluss Kanu fahren. Unerwarteter-
weise war das Wetter sehr schlecht und
wir mussten die Kanutour schon nach einem Tag abbrechen. Länger hätte ich es,
glaube ich, auch nicht durchgehalten, denn
ich hatte kaum noch trockene Sachen und ich
fühlte mich unendlich schwach. Sogar mit drei
Paar Socken fror ich nachts im Zelt und wachte
vor Kälte immer wieder auf. Dazu kam, dass ich
mich in den zwei Wochen fast ausschließlich von
Baguette ernährte, weil es ansonsten sehr viel
Fleisch gab, was ich ja nicht aß. An diesen Urlaub habe ich nicht sehr viele gute Erinnerungen, obwohl ich
auch schöne Erlebnisse hatte, zum Beispiel wenn es
ganz heiß war und wir uns am Strand gesonnt haben.
Außerdem dachte ich viel an Sören, in Gedanken war er immer bei mir und ließ mich die schwere Zeit überstehen.
Nachdem ich wieder zu Hause war, hatte ich ein sehr wohl-
tuendes Gespräch mit einer guten Bekannten, die in ihrer
Jugend auch magersüchtig war. Von da ab wurde es immer
besser und ich gewöhnte mich langsam daran, wieder mehr
zu essen. Am Ende der Sommerferien machte ich mit meiner Mutter eine einwöchige Fahrradtour durch Schleswig-

Holstein und Niedersachsen. Zum Glück war ich da schon wieder etwas mehr bei Kräften und das Wetter war auch sehr gut, so dass es ein schönes Erlebnis wurde.

Im November war ich bei der Frauenärztin. Sie hat mir die Pille verschrieben, damit sich der Hormonhaushalt wieder normalisiert. Meine Periode kam nämlich gar nicht mehr. Jetzt habe ich sie seit zwei Monaten wieder und fühle mich auch ansonsten viel besser und leistungsfähiger. Ich wiege wieder fast so viel wie vorher. Trotzdem esse ich bewusster und achte mehr darauf, was ich esse.

Alles, alles Liebe, deine **Marieke**

Liebe Marieke!

ich danke dir für die vielen Zeilen und vor allem für dein Vertrauen. Ich hatte so eine Vermutung, was deine Krankheit betrifft. Viele junge Menschen haben sie, auch aus meinem Freundes- und Bekanntenkreis. Dass du so unglaublich ehrlich mit dir bist, ist der erste Schritt auf dem Weg zur Besserung, glaub es mir. Am wichtigsten an deinem Brief fand ich, dass du selbst begriffen hast, dass du dich nicht auf Raten umbringen willst. Die meisten Suchtkrankheiten sind ja eine Selbsttötung auf Raten und deine Krankheit ist eine Suchtkrankheit, nämlich die des Nicht-Essen-Wollens. Aber das weißt du ja selbst.

Ich wünsche dir, dass du bald ganz gesund wirst und bleibst. Du bist ein tolles Mädchen! Und du musst so gelitten haben! Am wichtigsten ist, dass es dir besser geht, dass du wieder Vertrauen zu dir selbst hast und dich lieb hast. Wenn du so weit bist, kommen alle anderen Dinge wieder Schritt für Schritt auf die Reihe.

Liebe Marieke, verliere nicht den Mut, auch wenn das manchmal schwer fällt. Erlaube dir, an deinen Bruder Sören zu denken. Sei gut zu dir und sei umarmt, deine **Marie-Thérèse**

Ich und die anderen:
gute und schlechte Erlebnisse

Liebe Marie-Thérèse,

danke für deinen lieben Brief. Ich war nicht im letzten Trauerseminar, aber du warst wegen deiner Indienreise ja auch nicht da und ich hätte dich vermisst! Außerdem fahre ich bald als Austauschschülerin nach England und habe noch viel zu erledigen. Vielleicht komme ich wieder im Herbst oder Winter. Wahrscheinlich brauche ich die Geborgenheit der Gruppe in der dunklen Jahreszeit einfach mehr, wenn die Tage kürzer sind und man durch das Wetter trübsinniger gestimmt ist.

Ich fühle mich wieder wohl in meinem Körper und habe fast das vorherige Gewicht wieder. Das Einzige, was mich etwas beunruhigt, ist, dass ich durch meine drastische Hormonspiegelveränderung die Pille wahrscheinlich längerfristig einnehmen muss. Außerdem bekomme ich auch noch sehr schnell kalte Hände, womit ich früher nie ein Problem hatte. (Manchmal sind die Finger richtig gelb und wirken wie abgestorben.) Das sind aber eigentlich nur Kleinigkeiten.

In den Osterferien war ich als Austauschschülerin in Lyon. Manchmal habe ich das Gefühl, ich bin der glücklichste Mensch auf Erden: In meiner Gastfamilie gab es einen 9-jährigen Sohn. Er heißt David. Er erinnerte mich sehr an Sören. Er trug auch eine Brille, hatte einen ähnlichen Haarschnitt und war vom Charakter her genauso sensibel und liebenswert. Einmal, als wir in der Nacht von Freunden auf dem Land zurückkamen, ist David in meinen Armen eingeschlafen. Das war ein so schönes Gefühl! Ich werde es nie vergessen, weil es mich sehr an Sören erinnerte. Meine Gastfamilie hat mich eingeladen, sie im Sommer in ihrem Haus am Atlantik zu besuchen. Ist das nicht wunderbar? Alles Liebe, deine Marieke

Liebe Marieke,

du hast eine sehr große Entwicklung durchgemacht seit deinen beiden letzten Briefen. Ich freue mich für dich und

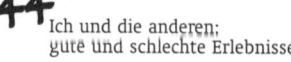

hoffe, dass deine Glückssträhne anhält. Es gibt ein wunderschönes jüdisches Sprichwort: »Wenn das Glück kommt, sollte man ihm einen Stuhl hinstellen.« Und das hast du getan. Du hast den richtigen Augenblick für dich erkannt. Nur das zählt. Ich habe das Gefühl, du hast das Schwierigste erst mal hinter dir. Du kannst stolz auf dich sein. Dein Brief ist klug und ausgeglichen. Du hast dich selbst wieder lieb und bist gut zu dir. Hoffentlich bekommt dir die Englandreise genauso gut wie all die positiven Dinge, die du in den letzten Monaten unternommen hast. Wie sagte mein alter Yogalehrer in Indien nach drei Wochen intensivster Arbeit: »Your body, soul and spirit came together!« Ich glaube, das

darfst du dir auch an den Spiegel heften. Herzlichen Glückwunsch! Einen wunderschönen Sommer wünscht dir deine
Marie-Thérèse

Liebe Marie-Thérèse,

ich kann im November nicht ins Trauerseminar kommen. Ich würde zwar unheimlich gerne, aber es gibt einen besonderen Grund, warum das nicht geht, und der wird dich sicher freuen: Mama erwartet nämlich ein Baby, und es soll im Dezember geboren werden, so dass sie sich nicht mehr zutraut, mit mir in die Gruppe zu fahren. Aber ist das nicht eine tolle Nachricht?! Ich freue mich sehr und auch meine Eltern sind sehr glücklich und voller Vorfreude. Andererseits ist das Gefühl, bald wieder ein kleines Geschwisterchen zu haben, schon ein bisschen eigenartig. Ich werde dir schreiben, wie es mir damit ergeht, aber bestimmt werde ich in meiner Aufgabe als große Schwester aufgehen. Gerade sehe ich auf meinem Kalenderblatt über meinem Schreibtisch eine indische Weisheit: »Was du genießt von Tag zu Tag, das ist dein Reichtum.« Du wirst in der Weihnachtszeit wieder von mir hören! Deine **Marieke**

Liebe, liebe Marie-Thérèse!

Ich habe ein kleines Schwesterchen bekommen! Larissa ist gesund und munter und so niedlich, dass ich sie immerzu auf dem Arm halten und knuddeln könnte. Meine Eltern sind sehr glücklich, dass alles so gut gegangen ist und dass unser nach Sörens Tod so still gewordenes Zuhause wieder mit so viel Leben ausgefüllt ist. Meine Mutter ist richtig aufgeblüht. Auch wenn mich die Tatsache nachdenklich stimmt, dass Larissa nicht leben würde, wenn Sören nicht gestorben wäre, glaube ich doch, dass Sören sich daran freut, dass es Mama nun so gut geht. Alles Liebe, **Marieke**

Liebe Marieke,

ich habe mich sehr gefreut dich wieder gesehen zu haben. Du hast richtig hübsch ausgesehen. Wenn ich daran denke, wie du beim vorletzten Mal warst ... Als ich dich in die Arme nahm, damals, kamst du mir vor wie ein kleiner Vogel, der Angst davor hat, zu fliegen. Du warst so zart und verschüchtert. Was für eine unglaubliche Verwandlung ist seitdem mit dir passiert! Versuch so zu bleiben, liebe Marieke. Zum Todestag deines Bruders hattest du mir geschrieben. Dein Brief hat mich tief gerührt. Sören war auch ganz dicht bei mir durch diesen Brief. Wir sehen uns hoffentlich bald! Sei umarmt, deine **Marie-Thérèse**

Man muss nur suchen

In Hamburg besuchten mich an einem Wochenende Marieke, Dorothee, Inga, Hannes und der Sonderpädagoge Jan, der seine Schwester verlor, als er achtzehn Jahre alt war. Wir haben uns über das Thema Traurigsein unterhalten und darüber, wie schwierig es manchmal ist, zu den eigenen Gefühlen zu stehen.

Dorothee: Ich möchte zur Schule etwas sagen. Es macht mich traurig, dass ich dort nicht weinen kann. Einmal habe ich das gemacht, da war ich aber auch total durcheinander! In der Schule, da ist alles so sachlich. Da sind die Jungs so cool und die Mädchen teilweise auch. Da wird man schief angeguckt, wenn man nicht so ist, wie das erwartet wird. Zu Hause, da kann ich natürlich traurig sein.

Marie-Thérèse: Sind Jungs denn immer cool? Ist das eine typische Eigenschaft, was meinst du, Hannes?

Hannes: Weiß ich nicht. Ich glaube, jeder Junge ist anders. Also, ich glaube nicht, dass jeder Junge cool ist. Aber ich würde gar nicht meine traurige Seite bei meinen Freun-

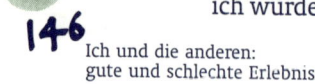

Ich und die anderen:
gute und schlechte Erlebnisse

den zeigen. Vielleicht bei zwei Freunden, die das so ein bisschen verstehen. Aber so in der Klasse? Nein. Die würden denken, was hat denn der jetzt? Also, da könnte ich das nie.

Marie-Thérèse: Hast du schon mal erlebt, dass ein Junge in deiner Klasse wegen irgendetwas traurig war?

Hannes: Ja. Mein Freund. Sein Vater ist gestorben. Seine Familie war auch auf der Beerdigung von meinem Bruder. Deswegen hat mein Freund mich auch verstanden. Wie es mir so geht, wie ich mich fühle, wenn ich traurig bin. Aber sonst habe ich in der Schule niemanden.

Ich kenne noch einen Jungen, der seinen Vater verloren hat. Der ist nach außen trotzdem so wie vorher. Er ist irgendwie ein Pausenclown. Er macht immer Witze, die nicht angebracht sind. Sein Vater ist an Krebs gestorben. Und ich habe gehört, dass er sogar Witze über Krebskranke gemacht hat. Er hat die Trauer völlig verdrängt. Ich denke, dass es ihm total schwer fällt, Gefühle zu zeigen. Vielleicht will er sich nicht entblößen vor anderen.

Was da in seinem Kopf vorgeht, das kann ich mir nicht erklären.

Marie-Thérèse: Glaubt ihr, dass Jungen es schwerer haben, traurig zu sein und ihre Traurigkeit zu zeigen?

Hannes: Wenn wir Klassenarbeiten zurückkriegen, dann weinen die Mädchen eher. Bei uns hat ein einziger Junge einmal geweint, als er eine schlechte Note kriegte. Die Jungs heulen nicht so schnell. Ich schätze mal, viele Jungen würden vielleicht weinen, wenn die anderen es auch tun.

Marieke: Ich kenne einen Jungen, der ziemlich leicht weint. Er ist bei den anderen überhaupt nicht anerkannt. Das merkt man sehr. Er ist immer außen vor ... Es ist total verpönt, dass Jungs ihre Gefühle zeigen.

Hannes: Das war bei uns in der Klasse auch so. Da hat einer geweint und sofort hieß es »Heulsuse«. Nein, das würde ich mir verdrücken. Das staut sich dann aber auf. Das muss schon raus. Aber zu Hause.

147

Marie-Thérèse: Wie ist das mit der Wut im Bauch?

Hannes: Also, ich weiß das nur von einem anderen Jungen, der ständig geärgert und gehänselt wurde. Der ist dann einmal total ausgerastet, hat auch Gewalt angewendet gegenüber seinen Klassenkameraden. Er hatte ein ganz starres Gesicht, wurde völlig wütend, hatte also einen richtigen Wutausbruch. Er ist auf die anderen Jungs losgegangen. Er wollte sie auf dem Schulhof verprügeln. Und er weinte nachher. Es war nicht schön, das mit anzusehen. Wenn ich merke, dass ich gleich ausraste, gehe ich auf mein Zimmer. Ich habe da einen Boxsack, da tret ich dagegen oder hau drauf, wenn ich traurig bin.

Jan: Die Lehrer sagen, schlag dich nicht, rede darüber.

Hannes: Ich denke, man kann nicht mit jedem über alles reden, weil man sich vielleicht unverstanden fühlt. Weil der andere vielleicht denkt: Der ist sowieso blöd. Ich rede auch nicht so viel über meinen verstorbenen Bruder, weil ... Die anderen können das gar nicht nachvollziehen. Das ist ihnen ziemlich egal.

Marie-Thérèse: Inga, hast du in der Schule eigentlich erzählt, dass du einen behinderten Bruder hattest?

Inga: Das wussten doch alle. Ich habe ihn ja oft spazieren gefahren. In seinem speziellen Karren. Wir haben ganz viel Zeit miteinander verbracht. Meine beste Freundin war auch dabei. Die hat sich nicht geschämt. Wir waren immer zu dritt unterwegs. Als mein Bruder blind wurde, haben wir ihm alles erklärt. Wir hatten viel Spaß dabei. Er konnte über alles lachen, er war sehr lebensfroh.

Marie-Thérèse: Du konntest ihm also dabei helfen, dass er weiterhin den Mut behielt, das Leben so anzunehmen, wie es war?

Inga: Er hat alles mitgemacht. Wollte immer dabei sein, hat auch alles mitgekriegt und wollte immer wissen, was los war. Durch ihn habe ich gemerkt, dass bei blinden Menschen das Gehör viel, viel besser ist. Er konnte nur nicht se-

Ich und die anderen:
gute und schlechte Erlebnisse

hen und nicht laufen, aber sonst war er voll da. Einmal ist meine Mutter vor Schreck fast in Ohnmacht gefallen: Sie hatte ihn in die Karre gesetzt und die ist dann nach hinten weggeklappt. Er hat nur gelacht! Das war richtig gut.

Dorothee: Ich möchte noch was zur Wut sagen: Ich kriege eine unheimliche Wut, wenn die Mitschüler über ihre Geschwister rumlästern. Wie nervig die Kleinen doch sind und wie furchtbar das alles ist. Man steht dann so daneben ... Ich hab kein Geschwisterkind mehr und die nörgeln über ihre rum. Da kann ich zu viel kriegen. Vor allem, weil die anderen doch wissen, was mir passiert ist. Wenn die das nicht wissen würden, könnte ich sie vielleicht ja noch verstehen.

Hannes: Ich habe jetzt auch kein Geschwisterkind mehr. Es ist ein großer Unterschied. Mit Geschwistern macht man Erfahrungen. Man kloppt sich auch mal. Das ist bei Tieren

Ich und die anderen:
gute und schlechte Erlebnisse

auch so. Die kleinen Hunde, die Welpen, die müssen auch lernen sich durchzusetzen. Einzelkinder sind auch ziemlich verwöhnt. Die meinen immer, sie dürften alles. Die sagen sich: Ich bin der Größte. Ich versuche mir immer einzureden, dass ich kein Einzelkind bin. Ich hatte ja einen jüngeren Bruder. Aber wenn mich jemand fragt, sage ich immer, dass ich keine Geschwister habe. Und dann sagen sie: Aha, du bist ein Einzelkind. Bin ich aber nicht.

Dorothee: Im Urlaub habe ich in diesem Sommer ein Mädchen kennen gelernt, die hatte zwei Brüder. Ich habe ihr erzählt, dass ich keine Geschwister hätte. Dann hat sie aber irgendwann ein Buch von mir in der Hand gehabt und da war ein Stempel von meiner Schwester drin. Da hab ich ihr die Wahrheit erzählt. Dass meine Schwester tot ist. Irgendwie war es total schwer, ihre Fragen zu beantworten. Ich fühle immer irgendwie, wem ich von dem Unfall meiner Schwester erzählen kann. Bis jetzt waren das erst zwei Personen.

Marieke: Bei mir wurde damals nach meinem Schulwechsel auch gelästert, ich wäre so ein verwöhntes Einzelkind. Heute habe ich ja wieder ein kleines Schwesterchen. Larissa ist jetzt ein Jahr alt und ich bin achtzehn. Seit dem Tod meines Bruders Sören habe ich Angst davor, Abschied nehmen zu müssen. Ich stelle mir vor, wie er jetzt wäre, mit vierzehn, fünfzehn Jahren. Ich sehe ihn vor mir auf einem Bahnhof mit anderen Jungen in der Pubertät, sie wollen verreisen. Ich kann mir nicht vorstellen, dass er rüpelhaft geworden wäre. Wenn mein Vater früher mal böse wurde mit ihm, dann liefen schnell die Tränen.

Hannes: Mein Bruder konnte gut verzichten. Durch seine Behinderung konnte er nur ganz wenig machen. Ich habe viel von ihm gelernt, auch Dinge abzugeben. Ja, er war für mich ein Vorbild. Er sah nicht aus wie ein Fünfzehnjähriger. Er hatte sich nicht weiterentwickelt wie normale Kinder.

Marie-Thérèse: Ist dein verstorbener Bruder immer noch dein Vorbild?

Hannes: Ja. Wenn ich in einer Situation bin, in der ich verzichten muss, dann denke ich an ihn und schaffe das. Ihm fiel es ja nicht schwer.

Meine Eltern trauern ganz anders als ich. Meine Mutter ist zum Beispiel auf dem Friedhof ziemlich traurig. Ich gar nicht. Mein Vater spricht mit mir ganz wenig über meinen toten Bruder. Mit meiner Mutter kann ich besser über ihn reden.

Marie-Thérèse: Hat sich im Verhältnis zu euren Eltern nach dem Tod der Geschwister etwas geändert?

Inga: Ja. Meine Eltern haben große Angst, dass mir etwas passiert. Ich war im letzten Sommer ziemlich krank und sie hatten Panik, dass ich die gleiche Krankheit wie mein Bruder bekommen könnte.

Marieke: Auch bei mir hat sich einiges geändert. Allein schon die Beziehung zu meiner Mutter, wir reden jetzt viel offener miteinander. Bei meinem Vater ist das leider nicht so, der ist sehr verschlossen. Das ist auch für meine Mutter sehr schwer. Aber sie und ich fahren viel mit dem Fahrrad durch die Wiesen und sagen uns alles. Das hilft.

Dorothee: Ich habe Angst, dass meine Eltern sich trennen. Ich verziehe mich in mein Zimmer, wenn sie sich streiten. Dort weine ich mich aus, schreibe Briefe. Ich möchte meiner Mutter nicht widersprechen und mein Vater tut mir irgendwie auch leid. Ich stehe als Tochter zwischen ihnen, da kann ich doch nicht Partei ergreifen. Meine Mutter wird eine Kur machen, danach hoffe ich, dass es besser wird mit meinen Eltern.

Hannes: Meine Eltern finden es gut, dass wir zusammen traurig sind. Wir weinen auch zusammen. Trotzdem gibt es natürlich manchmal Meinungsverschiedenheiten. Für mich hat sich auch vieles geändert, denn ich habe meinem Bruder immer geholfen, wenn er Sauerstoff brauchte oder Es-

Ich und die anderen:
gute und schlechte Erlebnisse

sen. Ich hatte natürlich weniger Zeit und dachte manchmal: Ich komm zu kurz. Dann habe ich ihn auch mal ein bisschen angeschrien.

Jan: Habt ihr gedacht, dass ihr besonders nett zu den Eltern sein müsst, ihnen keinen Kummer machen dürft?

Marieke: Ja, ich habe immer gedacht, ich will meine Eltern nicht enttäuschen. Ich habe vor allem für die Schule geschuftet. Mit sehr viel Energie. Sie sollten wenigstens mit mir keine Probleme haben. Ich wollte nur heile Welt, auch in der Beziehung zwischen den Eltern.

Hannes: Meine Mutter zeigt nach außen nicht, dass sie sich Sorgen macht, wenn ich zu spät von einer Party komme. Sie möchte mich nicht einengen. Aber sie liegt bestimmt die ganze Zeit wach.

Dorothee: Meine Eltern wollten, dass ich nach Barbaras Unfall beim Radfahren einen Helm tragen sollte. Das will ich heute nicht mehr. Es ist so nervig, ihn überall mit rumzuschleppen. Die Jungs spielen damit immer Fußball und dabei geht er kaputt. Ich hab jetzt meine Eltern überreden können, dass ich das Ding nicht mehr aufsetzen muss. Sie geben sich echt Mühe und lassen mich machen. Aber ich weiß, dass sie sehr besorgt sind.

Marie-Thérèse: Braucht ihr irgendwelche Drogen, um mit eurer Trauer fertig zu werden?

Inga: Nee, ab und zu trinke ich etwas Alkohol. Meine Mutter weiß das, wir reden darüber. In meiner Klasse wird ziemlich viel geraucht. Ich tu das nicht. Unser Klassenlehrer sagt dazu nur, dass es in anderen Klassen noch viel schlimmer ist.

Marieke: Bei mir in der Stufe ist ein Junge, der ist ziemlich klein, der ist sogar noch kleiner als ich. Und ich glaube, für Jungs ist das ziemlich blöd. Ich bin 1,57 Meter, das ist natürlich sehr klein. Für mich ist das kein Problem mehr. Dieser Junge ist auch sehr schmächtig und dünn. Er kompensiert das durch Alkohol und – also, ich hab's nur gehört,

Gerüchte, die durch die Schule gehen – er soll Drogen nehmen. Außerdem ist er nicht sehr beliebt und lebt bei Pflegeeltern. Da kommt ziemlich viel zusammen.

Jan: Was haltet ihr vom Kiffen?

Dorothee: Nicht viel. Ecstasy, davon halte ich auch nichts. Ich lese im Moment das Buch *Wir Kinder vom Bahnhof Zoo*. Da schreibt die Christiane F. ja ganz klar, dass die Drogen nur eine Flucht sind vor den Problemen und wie schwer der Entzug später ist. Probleme werden damit nicht gelöst, nur verdrängt. Ich finde, Probleme sollte man lösen und nicht verdrängen. Bei mir in der Klasse gibt es eine Clique, die obercool drauf ist. Sprüche kloppen, rauchen, kiffen, Drogen nehmen, Alkohol trinken, aber richtig in Mengen. Da sind auch viele Mädchen dabei.

Marie-Thérèse: Weißt du, warum die das machen?

Dorothee: Um cool zu sein. Um andere Dinge zu verdrängen. Ich weiß es von einem Mädchen, das ich gut kenne. Aber sie sagt mir nicht, ob sie selbst auch Drogen nimmt.

Jan: Ihr geht alle aufs Gymnasium? Es heißt ja manchmal, Hauptschüler fangen früh an mit Drogen. Was meint ihr dazu?

Hannes: Ich kenne einige Hauptschüler, die das Zeug nehmen, weil es in der Clique dazugehört. Die finden sich toll. Bei ihnen zu Hause ist keiner, der etwas sagt oder merkt. Den Eltern ist das egal.

Marieke:

Ich glaube auch, dass Hauptschüler schlechter dran sind wegen der Schulbildung, weil sie keine Perspektive haben. Sie haben wenig Aussicht auf einen Ausbildungsplatz und sitzen dann auf der Straße. Um aus ihrem tiefen Loch der Traurigkeit rauszukommen, trinken sie, rauchen, kiffen. Gymnasiasten haben oft mehr Selbstvertrauen. Vielleicht haben Hauptschüler auch eine furchtbare Wut wegen ihrer unsicheren Zukunft.

155

Ich und die anderen:
gute und schlechte Erlebnisse

Dorothee: Ich möchte noch etwas Positives sagen. Es kann heute auch schön sein, Jugendlicher zu sein. Man muss nur für sich herausfinden, wo man seine Interessen vertreten kann. Wo man so sein darf, wie man ist. Ich bin zum Beispiel katholisch und in der Jugendarbeit tätig. Es gibt Kongresse und Workshops und da gehe ich gerne hin. Aber das erzähle ich nicht überall, denn viele würden sich darüber kaputtlachen, weil sie auch gar nicht verstehen wollen, was es für mich bedeutet.

Dort werde ich nicht, wie in der Schule von Lehrern, die meine Schwester unterrichtet haben, mit dem Namen meiner Schwester Barbara angesprochen. Und ich war in einem Jugendcamp, wo ich mich nicht im Stich gelassen fühlte. Ich fahre jedes Jahr in dieses Pfingstcamp.

Jan: Also, überspitzt gesagt: Gefühle zeigen ist out, Kirche ist out, Jugendvereine sind out?

Proteste von allen: Nein! Nein! Man muss nur suchen! Und die Erwachsenen sollten sich endlich mal trauen ihre echten Gefühle zu zeigen, dann fällt es uns auch nicht so schwer!

Lichtblicke: Was kann mich trösten,
was tut mir gut, was macht mich stark?

159

LICHTBLICKE: WAS KANN MICH TRÖSTEN, WAS TUT MIR GUT, WAS MACHT MICH STARK?

Beim Lesen vieler Briefe und in Gesprächen mit Jugendlichen, die traurig waren, fiel mir immer wieder die Suche nach Lösungen auf. Der Versuch, mit der Hilfe von anderen, aber auch aus eigener Kraft einen Ausweg zu finden aus dem abgrundtiefen Kummer, der pechschwarzen Depression, der unbeschreiblichen Angst vor dem Absturz, dem Chaos einer unglücklichen Liebe, der scheinbar unheilbaren Suchtkrankheit, der schier unüberwindbaren Trauer. So schmerzhaft die Vorgeschichte auch sein mag: Fast immer gibt es einen Silberstreif am Horizont, einen Funken Hoffnung – eine Begegnung, die Kraft gibt, eine Idee, die Mut macht, einen Vorschlag, der in eine neue Richtung weist. Die Wege, die herausführen aus der Krise, sind so unterschiedlich wie die Formen und Gründe der Trauer, so unterschiedlich wie die Menschen, die Trauer erleben.

Lichtblicke: Was kann mich trösten,
was tut mir gut, was macht mich stark?

Von den Oasen in der Wüste, in der jeder Trauernde unterwegs ist, war schon früher die Rede. In dem Fotoband Mystik der Wüste *finden sich neben faszinierenden Wüstenfotos folgende Sätze: »Es liegt in unseren Kräften, die Welt erneut entstehen zu lassen.« Und: »Achte auf deine Gedanken, sie sind der Anfang deiner Taten.« Diese Sätze machen Mut, geben Kraft und lassen Entschlüsse und eigenes Handeln zu.*

Von ihrem ganz persönlichen Weg zu Trost und Mut und neuer Kraft erzählen hier Jugendliche, von deren Problemen bisher die Rede war. Vielfältig, bunt und schillernd wie ein umherflatternder Schmetterling sind diese Texte – und der Schmetterling selbst ist Symbol für Verwandlung und neues Leben. Den Kern aller traurigen Erfahrungen bringt eine alte Weisheit der Indianer aus der Wüste Nevadas im Westen der USA zum Ausdruck: »Einmal kommt ein guter Gott, alle Steine der Welt in Schmetterlinge zu verwandeln.«

Vom Mut, traurig zu sein

Schüler einer 9. Klasse in einer Hamburger Haupt- und Realschule füllten einen Fragebogen aus. Beantwortet werden sollte die Frage: **Hast du den Mut, traurig zu sein? Ja, weil .../Nein, weil ...** Hier einige Antworten.

»**Ja**, weil meine Mutter mal gesagt hat, du musst alle deine Gefühle rauslassen, sonst unterdrückst du sie und das kann zu Krankheiten führen. Manchmal muss ich einfach weinen und ich fühle mich selten gut dabei, aber nach dem Weinen fühle ich mich besser!«

»**Nein**, weil immer, wenn ich weine, von irgendjemand dumme Kommentare kommen. Und alleine zu Hause zu weinen bringt nicht viel, dabei werde ich immer noch trauriger!«

»**Ja**, weil: Wenn etwas Schreckliches passiert, kann ich mein Traurigsein nicht in mich hineinfressen. Früher habe ich das gemacht – dabei kam dann ein Selbstmordversuch raus. Aber egal, jetzt mache ich es anders! (Ich rede mit meiner Freundin oder meinem Freund darüber.)«

»**Ja**, weil wenn man ständig versucht seine Traurigkeit zu unterdrücken, ist die psychische Belastung sehr groß und irgendwann zerbricht man daran. Wenn man aber seinen Gefühlen freien Lauf lässt, hat man auch wieder Platz für anderes.«

»**Ja**, weil ich finde, dass man mal traurig sein muss, um sein seelisches Gleichgewicht zu halten.«

»**Ja**, weil es keine Schande ist, Trauer zu zeigen. Warum sollte man die Gefühle verstecken, die man in sich hat? Aber in manchen Situationen sollte man sich zusammenreißen, um es anderen und auch sich selbst leichter zu machen.«

»**Ja**, weil ich es wichtig finde, traurig zu sein, wenn jemand stirbt. Ich mochte ihn und nun ist er tot. Und ich werde nie wieder mit ihm reden.«

Lichtblicke: Was kann mich trösten, was tut mir gut, was macht mich stark?

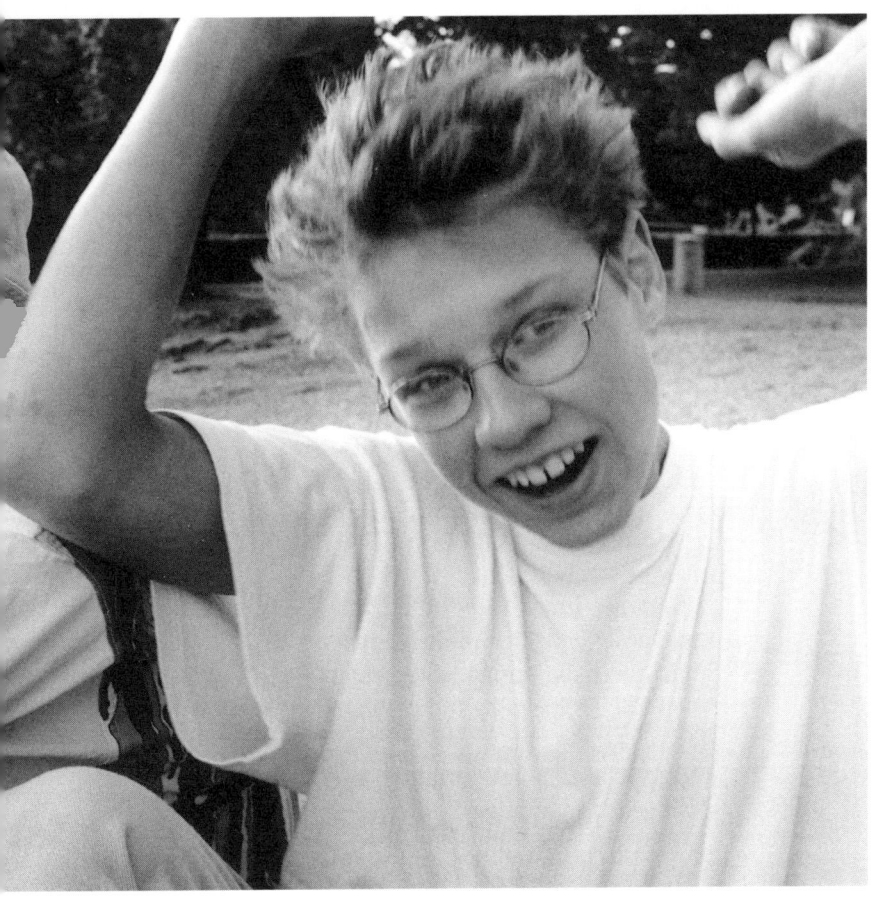

»**Ja**, weil ich meine Gefühle manchmal zeigen muss, denn ich kann sie nicht immer verstecken.«

»**Nein**, weil ich keinen Grund habe, traurig zu sein. Jeder Mensch ist mal traurig, aber nur, wenn er einen Grund hat. Mit Mut hat das eigentlich nichts zu tun, denn man braucht ja nicht vor Fremden traurig zu sein, man kann auch für sich, im Kopf, vor sich hin trauern. Traurigsein ist relativ.«

»**Ja**, natürlich, weil es ganz normal ist, seine Gefühle zu zeigen. Obwohl es ziemlich unangenehm ist zu weinen, wenn zum Beispiel deine Freunde dabei sind.«

»**Ja**, weil ich immer zeige, wie ich mich fühle, und darüber auch mit meinen Freunden rede.«

»**Ja**, weil ich glaube, wenn ein Mensch nicht traurig sein kann, kann er auch nicht fröhlich sein. Man benutzt Traurigkeit zum Beispiel, um über den Tod eines Verwandten hinwegzukommen.«

Ich hoffe ihn nie
zu vergessen

Trauernde Jugendliche befürchten die Stimme, den Geruch und besondere Eigenheiten des Verstorbenen zu vergessen und ihn so für immer zu verlieren. **Katharina** schrieb ein Jahr nach Sebastians Tod darüber.

Mein Sebastian. Ich vermisse ihn.
Mir geht's so richtig scheiße. Heute vor einem Jahr ist er gestorben. Ich sitze hier und fresse wie bescheuert Schokolade, Schokolade, Schokolade. Hauptsache, süß. Aber auf Haribo habe ich absolut keinen Bock. Hauptsache, Schokolade. Weiß, braun, schwarz, Pralinen, Ostereier, Rocher, Ritter-Sport-Trüffel-Zeug und so weiter. Ist mir heute scheißegal. Hauptsache essen. Reinstopfen. Habe ich wenigstens was zu tun. Meine Droge. Ich will nicht, dass es schon ein Jahr her ist, ich will nicht, dass ihn die Zeit von mir wegzieht. Ich will, dass es mir so dreckig geht wie vor zwölf Monaten. Der Schmerz ist eine der wenigen Sachen, die ich noch von ihm habe, warum also loslassen? Ich habe keine Filme mehr

 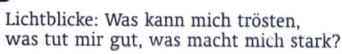
Lichtblicke: Was kann mich trösten,
was tut mir gut, was macht mich stark?

von ihm im Kopf, nur noch Bilder. Das ist schrecklich! Heute Abend verliere ich ihn zum zweiten Mal. Wieder etwas endgültiger. Ich habe Angst. Angst vor der Zeit, die vergeht: noch weniger von ihm. Und dann kommt wieder das Warum. Ich könnte die ganze Seite damit voll schreiben, wild durcheinander. Ich könnte es hinausschreien, ich könnte es hinausprügeln, ich könnte es hinausstampfen, ich könnte es hinausrennen, ich könnte, ich könnte, ich könnte ... Immer und immer wieder.

Ich tu's aber nicht. Ich esse lieber Schokolade. Wenn einem das Wichtigste weggenommen worden ist, muss man sich mit dem Unwichtigen abfinden. Schokolade. Süß, zergeht auf der Zunge, soll Glückshormone freisetzen. Hungrig nach Glück. Aber das ist auf der Zunge zergangen. Ich trage es in mir. ♥

165

Ein gutes Mittel gegen diese Angst ist, sich genau klar zu machen, welche Erinnerungen einem besonders lieb oder wichtig sind. Marieke hat so eine Liste über ihren Bruder Sören gemacht, die sie A LITTLE COLLECTION OF MEMORIES nennt.

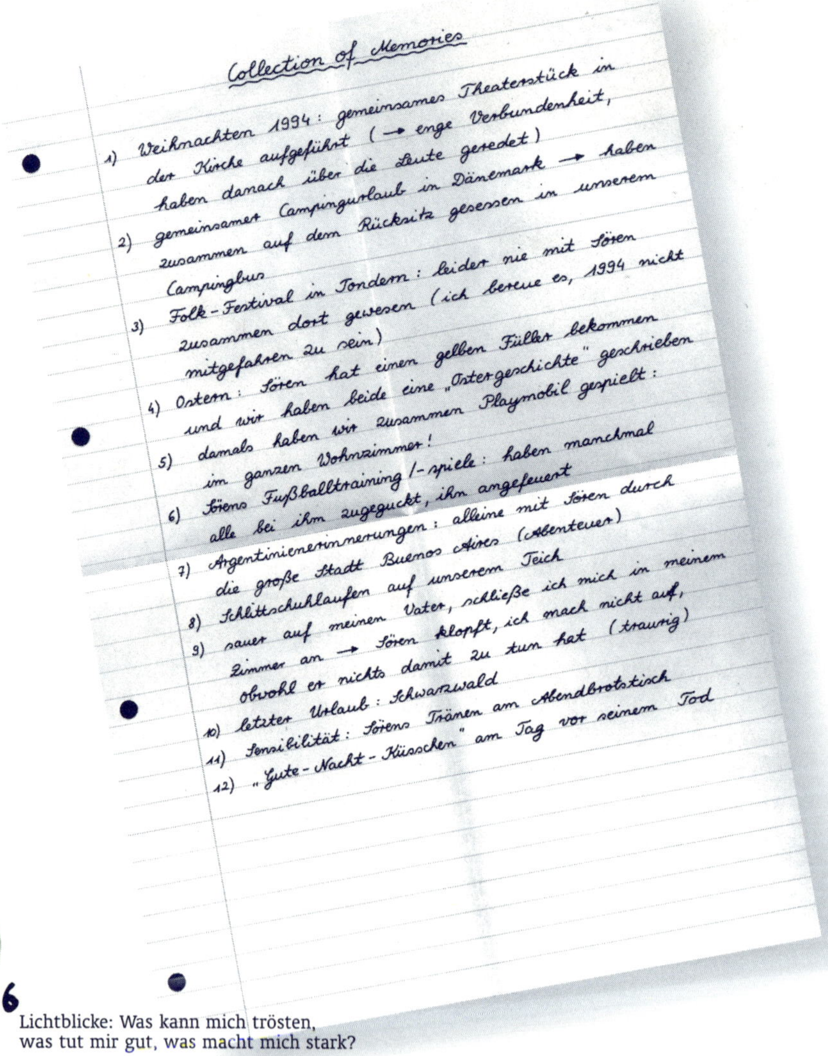

Collection of Memories

1) Weihnachten 1994: gemeinsames Theaterstück in der Kirche aufgeführt (→ enge Verbundenheit, haben danach über die Leute geredet)

2) gemeinsamer Campingurlaub in Dänemark → haben zusammen auf dem Rücksitz gesessen in unserem Campingbus

3) Folk-Festival in Tondern: leider nie mit Sören zusammen dort gewesen (ich bereue es, 1994 nicht mitgefahren zu sein)

4) Ostern: Sören hat einen gelben Füller bekommen und wir haben beide eine „Ostergeschichte" geschrieben:

5) damals haben wir zusammen Playmobil gespielt: im ganzen Wohnzimmer!

6) Sörens Fußballtraining /-spiele: haben manchmal alle bei ihm zugeguckt, ihn angefeuert

7) Argentinienerinnerungen: alleine mit Sören durch die große Stadt Buenos Aires (Abenteuer)

8) Schlittschuhlaufen auf unserem Teich

9) sauer auf meinen Vater, schließe ich mich in meinem Zimmer an → Sören klopft, ich mach nicht auf, obwohl er nichts damit zu tun hat (traurig)

10) letzter Urlaub: Schwarzwald

11) Sensibilität: Sörens Tränen am Abendbrotstisch

12) „Gute-Nacht-Küsschen" am Tag vor seinem Tod

166

Lichtblicke: Was kann mich trösten, was tut mir gut, was macht mich stark?

Was ich gut finde

Auf den Sonntagstreffen mit trauernden Jugendlichen kamen spontan diese Äußerungen:

- Es gibt immer welche, die einen trösten.
- Heute hab ich mich getraut auf den Friedhof zu gehen.
- Ich bin froh, dass meine Großeltern die Verantwortung für mich übernommen haben, nachdem meine Mutter gestorben ist.
- Dass jeder in meiner Familie und aus meinem Freundeskreis mir das Gefühl gab, mich lieb zu haben, für mich da zu sein, und mir immer zugehört hat.
- Dass niemand versucht hat mir meine Mutter zu ersetzen.
- Dass alle in meiner Familie geweint und gelacht haben.
- Ich durfte so lange, wie ich wollte, zu Hause bleiben (von der Schule aus).
- Dass viele Verwandte aus dem Ausland gekommen sind.
- Meine Oma hat mich getröstet.
- Meine Tante sorgt für mich.

- Ich bin noch nie zum Grab gegangen und so nie auf den Gedanken gekommen zu weinen.
- Dass ich mich auf meine Freundin verlassen kann.
- Dass ich getröstet wurde, als ich in der Schule geweint habe.

Trauer hilft mir weiter

Es gibt keinen Schalter, mit dem Trauer abgestellt werden kann. Auch wenn viele Erwachsene das von Jugendlichen erwarten, weil es für sie bequemer ist als sich damit auseinander zu setzen. Dabei bringt es einen persönlich oft einen großen Schritt weiter, wenn man sich traut offen umzugehen mit der eigenen Traurigkeit und mit der von anderen.

Nelly schreibt:

Trauer dauert nicht nur eine gewisse Zeit, zum Beispiel zwei Jahre, denn so einen starken Verlust, wie ein Todesfall, verdaut und verarbeitet man sehr lange, ich denke, sein ganzes Leben lang. Dadurch ändern sich viele Lebenseinstellungen. Man ...

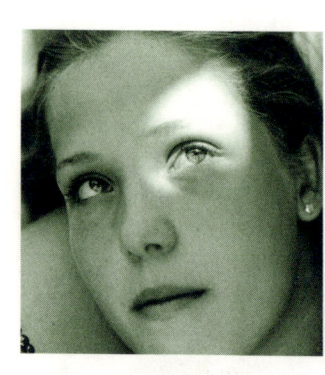

... leidet allgemein sehr unter Abschieden in jeder Form.

... geht weniger schnell und vorsichtiger enge Bindungen ein, denn man weiß, was es bedeutet, jemanden zu verlieren, den man sehr lieb hat.

... sollte sich nicht schämen über seine Trauer zu schreiben oder zu erzählen. Es handelt sich um einen natürlichen Verarbeitungsprozess.

... gibt dem Thema Tod/Sterben einen viel höheren Stellenwert als vorher und kann offener damit umgehen.

... muss versuchen zu verstehen, dass das Leben weitergeht.

... sollte ruhig mit der verstorbenen Person reden oder im Tagebuch o. Ä. an sie schreiben. Das stärkt die Vorstellung, mit der Person immer noch verbunden zu sein.

... sollte versuchen, die positiven Seiten des Todes zu sehen, wenn es sie gibt (zum Beispiel Erlösung von einer Krankheit, nur für ein kurzes Leben bestimmt usw.).

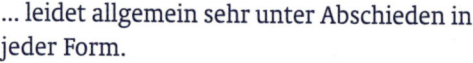

168

Lichtblicke: Was kann mich trösten, was tut mir gut, was macht mich stark?

169

Hey, alles klar? Grüße, Wünsche, Nachrichten an das Liebste, das ich verloren habe

Der Baum ist Symbol für den immer wiederkehrenden Kreislauf des Lebens. Zum Abschluss eines Seminars konnten Jugendliche auf ausgeschnittene Blätter aus Tonpapier in verschiedenen Farben Grüße an ihre gestorbenen Geschwister schreiben. Mit diesen Blättern schmückten sie ein kahles Bäumchen in der Mitte des Raumes.

✳ Hey, alles klar? Alles Gute!

✳ Du bist ein guter Bruder. Du hast jetzt noch einen Bruder bekommen. Du fehlst mir, auch wenn ich nicht oft zum Friedhof gehe. Aber für mich bist du woanders und nicht auf dem Friedhof.

✳ Lieber Nils, ich würde dir so gerne so viel sagen und erzählen. Wie es mir so geht. Und natürlich, was du mir bedeutet hast. Aber das Wichtigste ist, dir zu sagen: Ich hab dich lieb und ich vermisse dich sehr. Ich weiß, dass du auf mich wartest.

✳ Ich möchte dir sagen, dass meine Trauer um dich nie vergeht.

✳ Ich wünsche mir, dass wir uns irgendwann mal wieder sehen. Ich wünsche mir mehr Verständnis von anderen.

✳ Ich liebe dich immer noch wie vorher!

✳ Ich hoffe, dass es dir gut geht da, wo du jetzt bist.

✳ Come with me!

Vom Mut, neu anzufangen

Wer aus seiner Traurigkeit herauskommen will, muss manchmal Wagnisse eingehen. Besonders wichtig ist dabei der Mut, auf jemanden zuzugehen, ein Zeichen zu setzen und klar zu sagen, was man sich wünscht. Manchmal dagegen ist jede Menge Abstand nötig, um eine große Traurigkeit überwinden zu können: Man muss den oder die anderen endlich auch mal kritisch sehen und wütend werden, um die Füße zurück auf den Boden zu bekommen. Sarah hat das geschafft – und so wieder Lust zu leben gekriegt. In ihrem Tagebuch schreibt sie:

Das Mädchen, das sein Lachen wiederfand ...
HEUTE IST DER ERSTE TAG VOM REST MEINES LEBENS! Und dieses Leben will ich genießen! Der blöde Typ wird mich nicht noch mal zum Heulen bringen. *No, I don't need you any more! Do you believe in life after love?* Ja, und wie! Andere Mütter haben schließlich auch hübsche Söhne! Aber das herauszufinden hat noch Zeit. Die Hauptsache ist: *I will survive!* Neben dem Wort »du« existiert jetzt auch wieder das »ich«! Und das wird GROSS geschrie-

Sehr geehrter Herr M.!
Wir bitten Sie zur Kenntnis zu nehmen, dass Sie Ihren Gefühlsmüll, der im November letzten Jahres angefallen ist, nicht ordnungsgemäß entsorgt haben. Wir bitten Sie dringend den Müll beim nächsten Mal zu trennen statt ihn einfach in die Tonne mit der Aufschrift »Sarah« zu kloppen.
Die Müllentsorgung haben wir freundlicherweise für Sie übernommen. Arbeitsaufwand und Materialkosten gehen auf Ihre Rechnung. Die Kosten betragen insgesamt zwei Monate Lebenszeit sowie einige Packungen Taschentücher und Zigaretten.
Wir bitten um Ihr Verständnis.

Mit freundlichen Grüßen,
Ihre Stadtwerke

Sarah

ben. Also: ICH! Dinge passieren, ein bisschen Schwund ist immer, aber das Leben geht weiter. Sag ja zum Leben! *Non, je ne regrette rien*, aber die Zeit heilt alle Wunden. *Adios, amigo!* Heute fange ich erst mal an, in meinem Zimmer auszumisten.

Mit Schwung und Selbstvertrauen geht die 14-jährige **Jana** an ihre Probleme ran:

Leider verliebe ich mich immer in die Falschen. Meistens sind die schon von anderen besetzt. Außerdem verliebt sich sowieso keiner in mich. Ich sehe nämlich nach gar nichts aus. Meine Gedichte und Liebesbriefe habe ich alle für mich behalten und nie abgeschickt. Neulich habe ich meine Tagebücher wieder mal durchgeblättert. Schmalz und Co. Mannomann. Was hab ich bloß für 'nen Matsch in der Birne. Vielleicht will ich auch gar nicht von einem dieser noch

Lichtblicke: Was kann mich trösten, was tut mir gut, was macht mich stark?

frei laufenden Märchenprinzen geküsst werden! Morgen lasse ich mir die Haare abschneiden und eine total tolle Tante von mir will mich in einer Boutique »neu einkleiden«, wie sie das nennt. Sie sieht für ihr Alter tierisch gut aus. Man muss eben was aus sich machen. Vorher – nachher. Die blöden Typen werden sich noch wundern. Nachher müssen sie bei mir Schlange stehen. Wetten?

Zum Thema, wie man ein Mädchen trösten kann, das Liebeskummer hat, schreibt **Dennis**, 16 Jahre:

Ich würde ihr Mut machen, sich neu zu verlieben, weil es nicht nur diesen bestimmten Mann gibt. Außerdem ist Liebeskummer etwas ganz Normales, wofür man sich nicht schämen oder verstecken muss. Man kann sich immer wieder neu verlieben. Das Leben macht an dieser Stelle keinen Schnitt, es geht weiter. Und außerdem kann man so einen Tag besser an der frischen Luft verarbeiten. Also, sich einen Ruck geben, rausgehen und auf andere Gedanken kommen. Trübsal blasen bringt es eh nicht, oder?

Auch **Andrej**, 18, fällt etwas ein, womit er trösten kann:

Na, meine Liebe, warum bist du so traurig? Lach ein bisschen, dann geht es dir bestimmt besser. Du sollst dich ein bisschen hinlegen, und dann werde ich dir einen heißen Kaffee machen. Dann werden wir, wenn du möchtest, über deine Probleme reden. Und du wirst sehen, dass es dir nach unserem Gespräch besser geht.

Dirk ist 19 Jahre alt und lebt nach einer Inhaftierung wegen Drogengeschichten heute im offenen Vollzug. Er hat eine schlimme Zeit hinter sich, doch trotz allem hat er einen neuen Anfang geschafft. Dirk glaubt heute ganz fest an eine bessere Zukunft für sich.

Lichtblicke: Was kann mich trösten,
was tut mir gut, was macht mich stark?

175

Dunkelheit
jede Nacht.
Tränen
jede Nacht.
Verzweiflung
jede Nacht.
Kein Entkommen
jede Nacht.
Angst
jede Nacht.
Wut
jede Nacht.
Ohnmacht
jede Nacht.
Bitterkeit
jede Nacht.
Keine Zuflucht
jede Nacht.
Und jeden Morgen
ein neuer Tag!

Katharina, 15 Jahre

Die Erinnerung an früher ist mein schlimmster Gedanke. Ich sehe die Zeit, in der meine Freundin starb und das Leben mir alles genommen hatte. Was hatte das für einen Sinn?

Ich bin durch meine Trauer blind geworden, habe Freunde nicht mehr gesehen und auch meine Eltern habe ich darunter leiden lassen. Ohne es zu merken bin ich fast in meinen eigenen Tod gelaufen, durch Drogen und den Kampf auf der Straße. Ich wollte nicht mehr leben, aber im richtigen Moment haben mich meine wahren Freunde gerettet. Es war ein bisschen spät für die Erkenntnis, da ich durch meine Straftaten schon verurteilt war.

Jetzt, wo ich weiß, wie blind ich war, will ich anfangen zu leben und ich hoffe auf eine bessere Welt: ohne Drogen, Hass und Gewalt.

Ich bin in Haft und merke, wie dumm ich mal war. Jetzt, wo ich ohne Drogen lebe, sehe ich die wahre Welt. Ich stehe jeden Morgen auf und gehe zur Arbeit, stelle dabei fest, dass es mir Spaß macht. Abends sitze ich dann mit Freunden in meinem Zimmer, wir hören Musik, trinken Kaffee und erzählen von schönen Zeiten, die wir mal hatten. Hier im Knast habe ich endlich zu mir selbst und zu meinen Gedanken gefunden. Ich sehe nicht mehr die schlechten Seiten des Lebens, sondern auch die ganz guten Sachen. Hier habe ich die Hoffnung wieder gefunden und bin auch dabei, mir meine kleinen Träume im Leben zu erfüllen. Der schönste Traum war, dass ich wieder zu meinen Eltern gefunden habe! Ich bekomme hier die Möglichkeit, mir etwas ganz Neues aufzubauen.

Lichtblicke: Was kann mich trösten, was tut mir gut, was macht mich stark?

Ich habe eine Beziehung aufgebaut mit einem Mädchen, das mir die Kraft gibt, ein ganz neues Leben zu führen. Ich entferne mich von alten Freunden und versuche jeder Gefahr aus dem Weg zu gehen. Mein größter Feind wird die Droge sein, denn die gibt es auch in anderen Städten. Wenn ich ganz fest an mich glaube, dann kann ich es schaffen, aus der alten Welt zu entkommen. Die Erinnerungen werden mich oft einholen, aber ich darf nie vergessen, dass das meine Vergangenheit ist. Für meine Freundin und für mich will ich den Sprung ins neue Leben schaffen.

Larissa wurde als 14-jährige Gymnasiastin aus Russland nach Deutschland verschleppt. Ihre eigenen Landsleute schickten sie hier auf den Strich. Um diese entsetzliche Situation aushalten zu können, nahm sie von Anfang an Heroin. Schließlich landete sie im Knast, wo sie unter großen Schmerzen von der Droge runterkam. Larissa ist jetzt 19 Jahre alt, will ihren Realschulabschluss nachholen und schrieb zu einem – von ihr gemalten, wunderschönen – Landschaftsbild folgenden Text:

Mein größter Wunsch ist, wenn ich hier rauskomme, durch den Wald spazieren zu gehen. Früher ist mir nie aufgefallen, wie schön ein Wald ist. Jetzt kann ich mir das nur in meiner Fantasie vorstellen. Es ist bestimmt schön, durch den Wald zu gehen, der frische Wind weht durch die Haare, die frische Luft, die Vögel, die singen. Am meisten vermisse ich die Wärme der Sonne, den Duft der Blumen und das Rascheln der Blätter.

Diesen Spaziergang werde ich mit meinem Freund machen, denn er ist der einzige Mensch auf dieser Welt, mit dem ich gelassen und offen sprechen kann. Wir würden durch den Wald gehen und uns lange unterhalten. Auf dem Weg zurück würde ich kein Wort sagen, sondern nur meine Freiheit genießen.

178 Lichtblicke: Was kann mich trösten,
was tut mir gut, was macht mich stark?

179

DIE JUGENDLICHEN MITARBEITER UND MITARBEITERINNEN

Hier stellen sich alle Jugendlichen vor, die besonders viel Zeit und Mühe in dieses Buch investiert haben. Es ist ihnen wichtig, dass auch andere junge Leute, genau wie sie selbst, zu ihren traurigen Gefühlen stehen.

Ich heiße **Katharina**, gehe aufs Gymnasium und bin 15 Jahre alt. Wir sind eigentlich vier Kinder, aber mein kleiner Bruder Sebastian ist schon vier Wochen nach der Geburt an den Folgen von mehreren Operationen gestorben. Seitdem ist nichts mehr, wie es mal war. Ich schreibe und lese viel und gern, weil es mir hilft, mich mit meinen Gefühlen auseinander zu setzen, die oft sehr traurig sind. Auch im Ballett-Training kann ich meine Gefühle ausleben.

Ich heiße **Marieke**, bin 18 Jahre und gehe in die 13. Klasse. Ich lebe in einem kleinen Dorf in Schleswig-Holstein, nicht weit von der Nordsee. Mein Bruder Sören ist 1995 in der Sandkuhle etwas außerhalb des Dorfes beim Spielen von einer Sandlawine überrascht und verschüttet worden. Noch lange Zeit nach seinem Tod hatte ich das Gefühl, ich könnte nie wieder richtig glücklich werden. Heute bin ich froh, in meinem Leben wieder einen Sinn zu sehen. Ich schreibe viel, auch für unsere Lokalzeitung, und versuche meine Gefühle in Gedichten auszudrücken. Außerdem lese ich sehr viel, reise gern und möchte möglichst viele fremde Kulturen kennen lernen.

Ich heiße **Sarah**, bin 19 Jahre alt, habe gerade mein Abitur bestanden und überlege, wie mein Leben weitergehen soll. Literatur spielt eine große Rolle für mich. Warum ich schreibe? Um all die Scheiße Tag für Tag in Poesie zu verwandeln, damit mein Leben ein Roman ist und keine Tageszeitung.

Ich heiße **Dorothee**, bin 15 Jahre alt und gehe aufs Gymnasium. Ich wohne in der Nähe von Wilhelmshaven und muss jeden Tag mit dem Fahrrad zur Schule. Auf demselben Schulweg wurde meine Schwester Barbara überfahren, als sie 15 Jahre alt war. Durch Barbaras Tod sehe ich mein Leben und die Welt mit ganz anderen Augen. Die Seminare in Bad Segeberg haben mir geholfen, über meine Trauer zu schreiben, zu malen, zu sprechen und auch zu weinen. Ich spiele gern Klavier, lese viel und engagiere mich in Jugendgruppen meiner Kirche. Ich werde als Austauschschülerin nach Frankreich gehen. Das hilft auch meinen Eltern ihre Angst zu überwinden, dass mir etwas passieren könnte.

Ich heiße **Hannes** und bin 1984 in Hannover geboren. Die ersten fünf Schuljahre ging ich auf eine Waldorfschule, danach wechselte ich zur Orientierungsstufe und bin jetzt auf einem Gymnasium. 1997 ist mein Bruder bei einem Schulunfall gestorben. (Er war behindert, Down-Syndrom.) Ich habe schon mal über den Tod meines Bruders geschrieben, in dem Buch *Kinder sterben anders*. Meine Hobbys sind: Computer, Fußball, Schwimmen und Kino.

Ich heiße **Nelly**, wohne in Hamburg und bin 18 Jahre alt. Ich bin die Älteste von 8 Kindern und habe gerade Abitur gemacht. Meine jüngere Schwester starb mit vier Jahren an einem Gehirntumor. Lange Zeit glaubte ich, ich wäre schuld an ihrem Tod, weil ich sie beim Spielen mit dem Kopf gegen den Schrank geworfen hatte.

Die jugendlichen Mitarbeiter und Mitarbeiterinnen

Erst sehr viel später konnte ich diesen Schuldkomplex verarbeiten. Ich lebe sehr bewusst, schreibe sehr viel in meine
Gedankenbücher und tausche mich regelmäßig mit Marieke aus.

Ich heiße **Inga**, wohne in Hildesheim, gehe
dort aufs Gymnasium und bin 15 Jahre alt.
Mein Bruder Thimo war zwei Jahre lang sehr
krank und keiner wusste, was er hatte. Zum
Schluss war er gelähmt und blind. Sein Tod
hat mein Leben völlig umgekrempelt.
Meine Hobbys sind Pferde, Hunde, Gitarre spielen und zeichnen. Außerdem beschäftige ich mich
sehr viel mit der Kultur der Indianer, mag ihre alten Geschichten und auch ihre Musik.

Auch Inga hat schon einmal über ihren Bruder Thimo geschrieben in dem Buch *Kinder sterben anders.*

Ich heiße **Betty** und bin 13 Jahre alt. Ich gehe aufs Gym-
nasium und dort habe ich eine Menge Stress mit meinen
traurigen Gefühlen, weil einige Lehrer
und Schüler mich nicht verstehen.
Seit dem Tod meines behinderten
Bruders besuche ich mit meinen
Eltern die Trauerseminare in Bad
Segeberg. Dort lerne ich meine
Gefühle durch Malen, Schreiben,
Lesen und Meditation besser zu
verstehen.

ADRESSEN UND BUCHEMPFEHLUNGEN

Deutschland

Notrufnummern für alle Fälle

Die Nummer gegen Kummer
speziell für Kinder und
Jugendliche
Telefon: 08 00/1 11 0 333

Telefonseelsorge
Telefon: 08 00/1 11 0 111
oder 08 00/1 11 0 222
Die Telefonseelsorge ist unter
www.telefonseelsorge.de
auch im Internet zu errei-
chen. Dort gibt es die Möglichkeit, sich per Mail oder
zu bestimmten Zeiten auch
direkt online beraten zu lassen. Mailadresse:
beratung@telefonseelsorge.de

Allgemeine Anlaufstellen

**Deutscher Kinderschutz-
bund e.V.**
Bundesgeschäftsstelle
Schiffgraben 29
30159 Hannover
Telefon: 05 11/3 04 85-0
Fax: 05 11/3 04 85-49
E-Mail: info@dksb.de
Homepage:
www.kinderschutzbund.de

Emotions Anonymous e.V.
Selbsthilfegruppen für
emotionale Gesundheit
Kontakt- und Informations-
stelle
Katzbachstraße 33
10965 Berlin
Telefon: 0 30/7 86 79 84
Fax: 0 30/78 89 61 78

Drogen, Alkoholismus, Magersucht

**Bundeszentrale für gesund-
heitliche Aufklärung**
Ostmerheimer Straße 200
51109 Köln
**Beratungstelefon Sucht-
prävention:** 02 21/89 20 31

**Deutsche Hauptstelle gegen
die Suchtgefahren e. V. (DHS)**
Westring 2
59065 Hamm
Telefon: 0 23 81/9 01 50
Fax: 0 23 81/15 33 1
Homepage: www.dhs.de
Auskünfte über die Kampagne »Mit uns kommst du klar«
speziell für junge Abhängige
gibt es unter der Telefonnummer 0221/890 59 04.

**Al-Anon Familiengruppen
Alateen** – für Kinder und
jugendliche Angehörige
von Alkoholkranken
45128 Essen
Telefon: 02 01/77 30 07
Telefax: 02 01/77 30 08
E-Mail:
al-anon.zbd@t-online.de
Homepage: www.al-anon.de

Anonyme Alkoholiker (AA)
Postfach 46 02 27
80910 München
Telefon: 0 89/3 16 95 00 oder
bundesweit unter 1 92 95
E-Mail:
info@anonyme-alkoholiker.de
Homepage:
www.anonyme-alkoholiker.de

**Bundesfachverband Ess-
Störungen e. V.**
Kurt-Schumacher-Straße 2
34117 Kassel
Telefon: 05 61/71 34 93

Selbstmord-gefahr

**Deutsche Gesellschaft für
Suizidprävention – Hilfe in
Lebenskrisen e. V.**
Geschäftsstelle am Bezirkskrankenhaus Bayreuth
Nordring 2
95445 Bayreuth
Telefon: 09 21/28 33 00
Fax: 09 21/28 37 77
E-Mail:
dgs@suizidprophylaxe.de
Homepage:
www.suizidprophylaxe.de
Dachgesellschaft für alle Einrichtungen und Personen,
die sich mit Suizidprävention
als Hilfe in Lebenskrisen befassen. Auf der Homepage
findet man auch Literatur
und eine Liste mit Beratungsstellen, die im Krisenfall weiterhelfen.

neuhland
Hilfen für suizidgefährdete
Kinder und Jugendliche e.V.
Nikolsburger Platz 6
10717 Berlin-Wilmersdorf
Telefon: 0 30/8 73 01 11
Fax: 0 30/8 73 42 15
Mail: post@neuhland.de
Homepage:
www.neuhland.de

Hilfe bei Trauer und Tod

Deutscher Kinderhospizverein e.V.
Kupferweg 6
57462 Olpe
Telefon: 0 27 61/96 95 55
Fax: 0 27 61/96 95 56
E-Mail: info@deutscher-kinderhospizverein.de
Homepage:
www.kinderhospizverein.de
Anlaufpunkt für Familien mit
unheilbar kranken Kindern.
Der Verein unterstützt die
Organisation von Selbsthilfe-
gruppen und bietet Seminare
für betroffene Familien an.

Institut für Trauerarbeit (ITA)
Evangelische Akademie Nord-
elbien
Esplanade 15
20354 Hamburg
Telefon: 0 40/35 50 56-33/34
Fax: 0 40/35 55 56-16
Beratung, Begleitung, Fort-
bildung und Selbsthilfe für
trauernde Menschen, berufli-
che und ehrenamtliche Be-
gleiter in Verlustkrisen und
Trauerprozessen. Ausbildung
zum/zur Trauerbegleiter/-in.
Kooperationsveranstaltun-
gen mit Institutionen, Kran-
kenhäusern, Schulen und
Verbänden.

M.I.T. Münchner Institut für Trauerpädagogik
Grabmannstraße 19
81476 München
Telefon: 0 89/74 54 81 20
Fax: 0 89/74 54 81 20
E-Mail: mit@excite.de
Trauerbegleitung, Weiterbildung, Supervision und Beratung für Menschen, die be-
ruflich mit dem Thema Tod
und Sterben befasst sind.
Trauerseminare und Einzel-
begleitung, speziell für Jugendliche und deren Familien.

TrauerWege e. V.
Breite Straße 21
55124 Mainz
Telefon: 0 61 31/23 11 00
Fax: 0 61 31/46 74 92
Homepage:
www.trauerwege.de
Beratungsarbeit für Betroffe-
ne in Gruppen und als
Einzelberatung. Aus- und
Weiterbildung für Menschen,
die in ihrer Arbeit mit Tod
und Trauerbewältigung zu
tun haben.

**Verwaiste Eltern
in Deutschland e. V.**
Bundesstelle
Fuhrenweg 3
21391 Reppenstedt
Telefon: 0 41 31/6 80 32 32
Fax: 0 41 31/68 11 40
Mail: Kontakt@VEID.de
Homepage: www.VEID.de

**Verwaiste Eltern
Hamburg e. V.**
Esplanade 15
20354 Hamburg
Telefon: 0 40/35 50 56 43
Fax: 0 40/35 71 87 67
Homepage:
www.verwaiste-eltern.de
Mail:
info@verwaiste-eltern.de

Der Verein vermittelt bundesweit Selbsthilfegruppen
und Anschriften von Betroffenen und informiert über
Tagungen, Seminare und
Workshops im gesamten
Bundesgebiet. Er bietet über-
regionale Trauerseminare für
verwaiste Eltern und Ge-
schwister an sowie Jah-
restreffen und einzelne
Workshops für Begleiter von
Gruppen verwaister Eltern.

**Verwaiste Eltern
München e. V.**
St.-Wolfgangs-Platz 9
81669 München
Telefon: 0 89/4 80 88 99-0
Fax: 0 89/4 80 88 99-33
E-Mail:
verwaisteeltern@t-online.de
Homepage: www.verwaiste-
eltern-muenchen.de
Verwaiste Eltern München
e. V. bietet auch Gruppen für
betroffene Geschwister an.

Österreich

Herzklopfen
Vertrauliche Telefonberatung
für junge Leute: 08 00/20 60 60

Kindernotruf
Telefon: 0 26 22/66 66 1
(rund um die Uhr erreichbar)
Nähere Infos im Internet unter www.kindernotruf.at

Rat auf Draht
Kinder- und Jugendtelefon
des Österreichischen Rundfunks
Telefon österreichweit: 147

**Sorgentelefon für Kinder,
Jugendliche & Eltern**
Mandellstraße 18
8010 Graz
Telefon: 08 00/20 14 40
E-Mail:
sorgentelefon@telering.at
Homepage:
www.kinderschutz-graz.at

AL-ANON Familiengruppen
Zentrale Kontaktstelle
Geblergasse 45
1170 Wien
Telefon: 01/4 08 53 77

Anonyme Alkoholiker (AA)
Zentrale Kontaktstelle Wien
Barthgasse 5
1030 Wien
Telefon: 01/7 99 55 99
E-Mail:
info@anonyme-alkoholiker.at

Homepage: www.anonyme-alkoholiker.at

Emotions Anonymous – EA
Selbsthilfegruppen für emotionale Gesundheit
Zentral- und Informationsstelle
Stiftsgasse 8
1070 Wien
Telefon: 01/8 72 77 46 oder
2 10 27 36

**Jugend-Info des Bundesministeriums für Umwelt,
Jugend und Familie**
Franz-Josefs-Kai 51
1010 Wien
Telefon: 01/5 33 70 30 oder
06 60/17 99
Fax: 01/5 33 70 40
E-Mail:
jugendinfo-ministerium
@blackbox.at
Homepage:
www.jugendinfo.at

Kinder- und Jugendanwaltschaft des Bundes
Franz-Josefs-Kai 51
1010 Wien
Telefon Jugendinfo:
08 00/24 02 66
Fax Jugendinfo: 01/5 33 70 40

Adressen und Buchempfehlungen

Netzwerk Essstörungen
Fritz-Pregl-Straße 5
6020 Innsbruck
Telefon: 05 12/57 60 26
Fax: 05 12/57 60 26
Mail: netzwerk-
essstoerungen@uibk.ac.at

**Österreichischer Kinder-
schutzbund/Verein für
Gewaltlose Erziehung**
Obere Augartenstraße 26–28
1020 Wien
Telefon: 01/3 32 50 01
Fax: 01/3 34 30 82
E-Mail: kinderschutzbund
@aon.at
Homepage:
www.con-nex.com/
kinderschutz

**Selbsthilfegruppe Verwaiste
Mütter, Väter, Geschwister**
Kontaktadresse:
Elisabeth Maurer
Schererstraße 50/4/9
1210 Wien
Telefon: 02 22/2 59 23 80

**WEIL – Stiftung Weiter im
Leben**
Kontaktadresse:
Helga und Paul Goditsch
Sparbersbachgasse 41
8010 Graz

Notruf- und Informationste-
lefon: 06 64/3 58 67 86
Hilfe für suizidgefährdete
Kinder, Jugendliche, deren Eltern und Freunde

Schweiz
**Notrufnummer für die
gesamte Schweiz: 143**
Organisiert von:
Die Dargebotene Hand
Zähringerstraße 53
3012 Bern
Telefon und Fax Sekretariat:
0 31/3 01 91 91
E-Mail: verband@tel-143.ch
Homepage: www.tel-143.ch

Help-o-fon
Sorgentelefon für Kinder und
Jugendliche: 157 00 57

Anonyme Alkoholiker (AA)
Wehntalerstraße 560
8046 Zürich-Affoltern
Tel: 01/3 70 13 83
Fax: 01/3 70 13 84
E-Mail:
aaschweiz@swissonline.ch
Homepage:
www.anonyme-alkoholiker.ch

info – Informationsstelle für Jugendfragen, Jugendamt der Stadt Bern
Predigergasse 4a
3011 Bern
Telefon: 0 31/3 21 60 42
Fax: 0 31/3 21 72 69
E-Mail:
jugendamt.info@bern.ch
Homepage: www.bern.ch

Jugendberatungsstelle der Stadt Zürich
Röntgenstraße 444
8005 Zürich
Telefon: 01/44 450 50
Fax: 01/44 450 33

Pro Juventute
Seehofstraße 15
8032 Zürich
Telefon: 01/2 56 77 77
Fax: 01/2 56 77 78
Homepage:
www.projuventute.de
Mail: info@projuventute.ch

Schweizerischer Kinderschutzbund
Brunnmattstraße 38
3007 Bern
Telefon: 0 31/3 82 02 33
Fax: 0 31/3 82 45 21
E-Mail: sksb.aspe@pro-kids.ch
Homepage: www.pro-kids.ch

Team Selbsthilfe Zürich
Dolderstraße 18
8032 Zürich
Telefon: 01/2 52 30 36
Berät bei Essstörungen.

T.A.B.U.
Arbeitskreis Trauer,
Abschied, Begleitung und
Unterstützung
Postfach 6218
8023 Zürich
Beratungstelefon:
0 79/4 00 43 82
Gesprächskreise zur Trauerbewältigung, Vermittlung
von Trauerbegleitern etc.

Verein Drogenentzug und Drogenhilfe Zürich
Postfach 8202
8036 Zürich
Telefon: 01/4 51 00 25

Verein Equilibrium
Neugasse 4/Raingässli 1
6304 Zug
Telefon: 0 41/7 28 71 69
Fax: 0 41/7 28 71 66
Homepage:
www.depressionen.ch
E-Mail:
info@depressionen.ch
Informationen über depressive Störungen und Kontakt zu
Selbsthilfegruppen

Bücher zum Weiterlesen

Erzählende Literatur

Henri van Daele: *Ti*, Weinheim und Basel 1999

Jostein Gaarder: *Durch einen Spiegel, in einem dunklen Wort*, München 2000

Pernilla Glaser: *Tanz auf dünnem Eis*, Hamburg 1999

Irma Krauß: *Arabella oder die Bienenkönigin*, Weinheim und Basel 2000

George Ella Lyon: *Lawandas Leben*, Weinheim und Basel 2000

Inge Meyer-Dietrich: *Warum, Leon?* Ravensburg 2000

Bart Moeyaert: *Bloße Hände*, Hamburg 1997

Peter Pohl und Kinna Gieth: *Du fehlst mir, du fehlst mir!* München 1999

Antoine de Saint-Exupéry: *Der kleine Prinz*, Düsseldorf 1998

Marie-Thérèse Schins: *Es geschah an einem Sonntag*, Reinbek bei Hamburg 1988

Hermann Schulz: *Sonnennebel*, Hamburg 2000

Michal Snunit und Na'ama Golomb: *Der Seelenvogel*, Hamburg 1991

Andreas Steinhöfel: *Die Mitte der Welt*, Frankfurt am Main 2000

Willem Wilmink: *Und was nun? Die Geschichte einer Trennung*, Stuttgart und Dresden 1992

Dilek Zaptcioglu: *Der Mond isst die Sterne auf*, Stuttgart, Wien, Bern 1998

Sachbücher

Margit Baßler und Marie-Thérèse Schins (Hrsg.): *Warum gerade mein Bruder? Trauer um Geschwister. Erfahrungen, Berichte, Hilfen*, Reinbek bei Hamburg 1992
Dieses Buch beruht auf den Erfahrungen der Wochenend-Trauerseminare an der Evangelischen Akademie in Bad Segeberg. Viele trauernde Jugendliche haben daran mitgearbeitet. Der Titel ist über den Buchhandel nicht mehr erhältlich, er kann aber für DM 10,– plus Porto bestellt werden bei: Verwaiste Eltern e.V. / Esplanade 15 / 20354 Hamburg.

Uwe Hermann (Hrsg.): *Kinder sterben anders. Eine Hilfe für Betroffene*, Gütersloh 1999

Christa Hömmen: *Mal sehen, ob ihr mich vermisst. Menschen in Lebensgefahr*, Reinbek bei Hamburg 1989

Mechtild Voss-Eiser (Hrsg.): *Noch einmal sprechen von der Wärme des Lebens ...*, Freiburg im Breisgau, Basel, Wien 1997

191

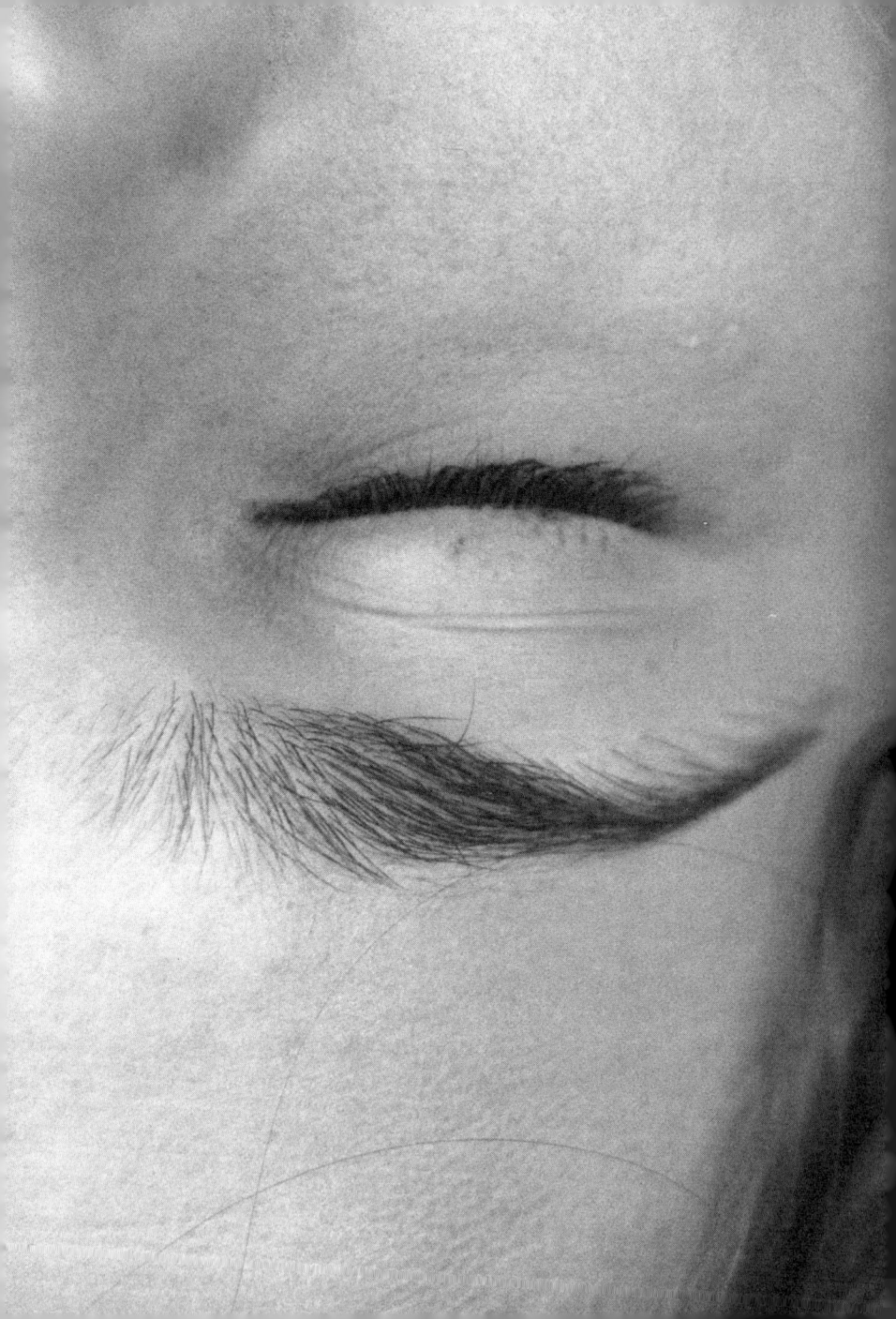